Leonard Korth

Köln im Mittelalter

DOGMA

Leonard Korth

Köln im Mittelalter

ISBN/EAN: 9783955076979

Auflage: 1

Erscheinungsjahr: 2012

Erscheinungsort: Bremen, Deutschland

KÖLN IM MITTELALTER

VON

LEONARD KORTH

KÖLN 1890

J. & W. Boisserée's Buchhandlung
(Frz. Theod. Helmken)

Vorwort.

Die Festschrift, mit welcher im Sommer 1888 die ein und sechszigste Versammlung deutscher Naturforscher und Aerzte in Köln begrüsst wurde, hatte ich durch einen kurzen Ueberblick über die Vergangenheit unserer Stadt eingeleitet. Aus dieser, auf den engsten Raum beschränkten Darstellung ist die Arbeit hervorgegangen, welche ich jetzt einem grösseren Leserkreise biete. Sie erhebt auch in ihrer erweiterten und völlig umgestalteten Fassung nur sehr bescheidene Ansprüche. Es kam mir vor allem darauf an, die wichtigsten Thatsachen aus der mittelalterlichen Geschichte Kölns so knapp als möglich, aber doch in lebendiger Sprache zu berichten. Welche Schwierigkeiten dieser Versuch in sich schloss, eine so reiche und mannigfaltige Entwicklung auf wenigen Blättern abzuhandeln, wird insbesondere der Fachgenosse leicht erkennen. Denjenigen, welche selbständig aus den Quellen schöpfen wollen, ist, wie ich hoffe, in den Anmerkungen mancher brauchbare Nachweis gegeben. Es ist darin auch etliches von dem niedergelegt, was ich während siebenjähriger Thätigkeit im Archive meiner Vaterstadt zu sammeln bestrebt war. Vollständigkeit jedoch habe ich um so weniger erreichen können, als dieses Büchlein unter höchst ungünstigen Verhältnissen entstanden ist. Ich empfehle es eben deshalb ganz besonders der Nachsicht meiner Leser. Für Berichtigungen und Ergänzungen, welche einer abermaligen Umarbeitung zu Gute kommen könnten, werde ich immer dankbar sein.

Köln am 17. März 1890.

Leonard Korth.

Wer aufmerksam beobachtet hat, wie in den letzten Jahrzehnten die Mittelpunkte des Handels und der Gewerbthätigkeit
am Niederrhein und im angrenzenden Westfalen sich entwickelt
haben, der wird leicht zwei Arten städtischer Gebilde hier zu unter-
scheiden vermögen: die einen aus dem Nichts hervorgetreten, gleich-
sam lose zusammengefügt aus Häusermassen, welche rings um
Kohlenschachte, Eisenschmelzen und Riesenwerkstätten oder an
wichtigen Kreuzungsstellen der grossen Verkehrswege in rascher
Folge sich gelagert; die anderen, erwachsen auf geschichtlichem
Boden, zu neuer Blüthe gediehen durch die Zurücklenkung alter,
befruchtender Strömungen in ein verlassenes Bett, durch die Be-
seitigung von verjährten Hemmnissen einer freieren Entfaltung,
durch die Anerkennung der Lebensbedingungen einer veränderten
Zeit. Es liessen in jenen Gebieten sich Orte nennen, welche, gross
angelegt wie die Städte des amerikanischen Westens, mit schnur-
gerade verlaufenden Strassenzügen weit in die Heide sich verlieren,
den zugemessenen Raum aber niemals auszufüllen vermocht haben,
weil jede Schwankung des Weltmarktes alles geschäftige Treiben
stocken liess, die Vollendung alles Werdenden in Frage stellte.
Solchen unfertigen Gestaltungen eines hastigen Aufstrebens gegenüber stehen in gesunder Fülle die Gemeinwesen von geschichtlicher
Bedeutung wie Duisburg, Dortmund, Düsseldorf, Köln.

Köln vor allen gewährt in unseren Tagen den Anblick kraftvoller Blüthe. Noch die jüngeren aus dem heute lebenden Geschlechte haben gesehen, wie diese ehrwürdigste Grossstadt des

1

alten Reiches einen vielhundertjährigen Mauerring zersprengte, um
in weniger als einem Jahrzehnte zu ihrem bisherigen Flächenraume
ein doppelt und dreifach so grosses Gebiet hinzuzugewinnen. Wall
und Graben sind eingeebnet, weite Prunkstrassen haben zauberhaft
schnell sich gebildet, die ringsum erwachsenen Tochterstädte, von
denen manche schon seit langer Zeit selbständiger Bedeutung sich
rühmen durften, sind in den Schutz der übermächtig gewordenen
Metropole getreten und vorüber an den spärlichen Resten der Thorburgen von ehedem fluthet jetzt ein stärkeres Leben auf neuen
Bahnen. Und selbst der alte Rheinstrom erscheint gewaltiger, seit
Handelsschiffe ihren Weg von unserem Dome bis zur Londonbrücke
nehmen.

All dieses frische Leben aber ist in seinen Hauptzügen nichts
als eine Erneuerung, nichts als eine breitere Entfaltung lange an-
gesammelter, lange gehemmter Kraft. Denn Köln ist eine geschichtliche Stadt in hervorragendem Sinne. Die volksthümlichen
Chronisten des fünfzehnten Jahrhunderts rühmen gerne von ihr,
dass sie eine Altersgenossin der Gottesmutter Maria sei, und deu-
ten damit an, wie sie recht eigentlich berufen war, an der Wiege
des Christenthums in Deutschland zu stehen. Mit nicht geringerem
Stolze preist die gelehrte Geschichtschreibung späterer Zeit den
römischen Ursprung der Vaterstadt, als lägen in solchem Zusammenhange mit dem Weltreiche die Bedingungen wie die Anfänge
der künftigen Grösse. Und in der That empfängt durch die Verbindung dieser beiden Elemente, des römischen und des christlichen,
die ältere Geschichte Kölns ihr eigenthümliches Gepräge und ihre
besondere Bedeutung für den Gang aller Kulturentwicklung am
Niederrhein.

Die Schicksale dieses Gebietes in germanischer Zeit liegen
im Dunkel, doch reicht die sicher beglaubigte Ueberlieferung noch
in die letzten Tage des römischen Freistaates zurück. Nachdem
Marcus Agrippa im Jahre 38 vor Christus die rechtsrheinischen Ubier
auf das linke Ufer des Stromes verpflanzt hatte, fand der Stamm seinen
gottesdienstlichen und staatlichen Mittelpunkt bald eben dort, wo
heute das Haupt der Rheinlande sich erhebt. Den rechten Grund
zu städtischem Ausbau im römischen Sinne legte dann Agrippina,
die Tochter des Germanicus, da sie im Jahre 50 unserer Zeitrech-
nung bei der Ara Ubiorum eine Veteranenkolonie ansiedelte und
zugleich diesen Ort, an dem sie geboren worden, durch die Bei-
legung ihres Namens auszeichnete. Die Verquickung germanischer

Art mit römischer Bildung vollzog sich schnell, gefördert insbesondere durch Ehebündnisse der italischen mit den rheinischen Be-
wohnern. Schon wenige Jahrzehnte nach der Gründung erwiesen
die Ubier der Colonia Agrippina sich unzugänglich für die Aufforderung freiheitliebender Volksgenossen, die Fremden in ihrer
Stadt zu tödten und ihre Festungswerke niederzulegen: während
die grosse vaterländische Bewegung vom Gebiete der Bataver her
alles rings erfasste, galten ihnen die engen Mauern eher als will-
kommene Schutzwehr für die Errungenschaften einer höheren Ge-
sittung, denn als schmachvolle Denkmäler der Knechtschaft. Diese 8
Gleichgiltigkeit gegen das Schicksal der vaterlandstreuen Stämme,
die bis zum offenen Verrathe sich steigerte, liess der Eroberer 9
nicht ungelohnt. Ausgestattet mit dem Vorzuge des ius Italicum,
bald auch zum Range einer Provinzialhauptstadt, zum Sitze zahlreicher Behörden erhoben, nicht selten sogar zeitweiliges Hoflager
der Weltbeherrscher, gedieh das römische Köln zu immer grösserem
Ansehen. Hier wurde Vitellius zum Cäsar ausgerufen, hier empfing Trajan die Kunde, dass auf ihn die höchste Macht des Erd-
kreises übergegangen sei hier erhoben und stürzten mehr denn einmal aufrührerische Prätorianerhaufen die Eintagskaiser des wankend
gewordenen Staatsgefüges. Dass solcher politischen Bedeutung die- 10
ser Stadt auch ihr äusserer Glanz entsprach, davon legen zahllose
Baureste heute noch Zeugniss ab; geschieht doch im Bereiche der
ältesten Umfassungsmauern Kölns in unseren Tagen kaum ein
Spatenstich, der nicht römisches Gestein an das Licht brächte,
dürftige Trümmer vielleicht von ähnlichen Prachtgebäuden, wie sie
das Trier des konstantinischen Zeitalters schmückten. In der Sage 11
lebt vor allem noch die Erinnerung an eine gewaltige Wasserleitung, welche durch die Thäler der Eifel hindurch das Haupt der
Germania secunda mit der Cäsarenstadt an der Mosel verbunden
habe. Auch die steinerne Brücke, welche Konstantin hier im An- 12
fange seiner Herrschaft über den Strom führen liess, wird als ein
kühnes Seitenstück zu der grossen Donaubrücke Trajans gepriesen.
13
Allein aller Prunk und alle Grösse der Kaiserzeit war dem
Untergange in den vernichtenden Stürmen der nächsten Jahrhunderte geweiht und nichts würde der jungen Ansiedlung eine lange,
ruhmvolle Zukunft gesichert haben, hätte nicht in minder wandel-
baren Verhältnissen auch für sie der weitschauende Blick des
städtegründenden Römerthumes sich bekundet.

Fern genug entlegen von den steileren Uferhöhen, um den
Ueberfällen eines aus dem Gebirge hervorbrechenden Feindes ent-
rückt zu sein, im Beginne der grossen Rheinniederung aber die
einzige beträchtliche Bodenerhebung am schiffbaren Strome, war
der Hügel, auf dem Köln entstand, für alle Zeiten der günstigste
Punkt zur kriegerischen Deckung des Flachlandes. Andersartige
Vortheile der natürlichen Lage gesellten sich zu diesen. Ein Rheinarm,
der bis in das zwölfte Jahrhundert hinein dicht an dem Standorte
des heutigen Rathhauses vorbeiströmte, die nächste Umgebung der
Abtei St. Martin und der ehemaligen Pfarrkirche St. Brigida zur
Insel gestaltend, schuf in Verbindung mit der weiten, halbmond-
förmigen Bucht des Flusses einen Hafen, wie er geräumiger und
sicherer weit und breit nicht mehr zu finden war. Und gerade
an dieser Stelle beginnt zugleich die Beschaffenheit des Strom-
bettes die Fahrt mit Schiffen von sehr bedeutender Tragfähigkeit
zu gestatten. Aehnliche Förderung gewährt dem Verkehre das
Höhenverhältniss der beiden Ufer zu einander, durch welches hier
einer der wichtigsten Fähr- und Brückenpunkte für den niederrheinischen Uebergang nach dem Osten begründet wird. Der An-
drang musste schon in früher Zeit um so mehr sich steigern, als
bei Köln auch der kürzeste Weg von der oberen Maas her mün-
dete und ebenso die Strasse, welche von den Ausflüssen der Schelde
längs der Ardennen sich bildete, hier den gelegensten Endpunkt fand.

14   Diese glückliche Verbindung örtlicher Vorzüge vermochte
keine Zerstörung durch Menschenhand hinweg zu tilgen. Es ging
aber vielfältige Verwüstung über Köln dahin. In den Tagen der
Völkerwanderung und in den unruhvollen Zeiten, da die germa-
nischen Stämme sich einzurichten suchten auf dem Boden des Welt-
reiches, ward der Römerstadt ihr blühender Reichthum, ihr Ansehen
und ihr Rang als Waffenplatz, ihre bedeutsame Lage am Rhein-
strome zum schlimmen Verhängnisse. Wie oft sie damals den
Herrn gewechselt hat, wie oft ihre Mauern erfüllt waren von den
Feinden Roms, wie oft sie in Asche gesunken ist, das entzieht im
15 einzelnen sich unserer Kenntniss.

Was jedoch Köln auch nach dem Zusammenbruche der römischen Herrschaft in fortdauernder Bedeutung erhielt, was die Strassen-
züge dorthin immer wieder belebte, das war vor vielem anderen die
Stellung, welche die Stadt in der christlichen Welt gewonnen hatte.
Mit den Kohorten der Eroberer waren die ersten Bekenner des Ge-
kreuzigten an den Rhein gekommen und während der grossen Ver-

folgungen hat unzweifelhaft das Blut glaubenstreuer Krieger auch in Köln die Erde getränkt und befruchtet. Darum sind es ganz besonders Martyrer aus den Reihen des römischen Heeres, welche hier die kirchliche Ueberlieferung als Erstlinge des Evangeliums feiert. Zu 16 ihnen gesellt die fromme Sage späterer Zeit den grossen Kreis heiliger Jungfrauen im Gefolge der britannischen Königstochter. Sicherlich 17 wurde an dieser geweihten Stätte schon früh ein Bischofssitz errichtet; beglaubigt aber ist als Inhaber des kölnischen Stuhles keiner vor Maternus in den Tagen Konstantins des Grossen. Bald 18 danach vernehmen wir auch von Synoden, die in den Mauern dieser Stadt abgehalten wurden.

Das Ansehen des neuen kirchlichen Mittelpunktes hob sich 19 vollends, als in fränkischer Zeit die Colonia Agrippina frühere Würden zurückerhielt, als sie Königssitz und Hauptstadt des ripuarischen Gebietes wurde. Die Duldsamkeit des merovingischen Geschlechtes, welches die Kirche zur freiesten Entfaltung im Reiche gelangen liess, bewährte sich auch hier. Die Bischöfe 20 von Köln traten als Rathgeber den Herrschern nahe und nicht wenige von ihnen erwarben sich hohe Verdienste. Insbesondere gedieh, was Kunibert für die Erhaltung der königlichen Macht in Austrasien gewirkt, seinen Nachfolgern zur Ehre. Deshalb 21 kann die Nachricht nicht überraschen, dass der Apostel der Deutschen seinen erzbischöflichen Sitz unter den Agrippinensern zu errichten gedacht habe. Zwar verwirklichte dieser Plan sich nicht, trotzdem sicherlich schon durch die Nähe des friesischen Missionsgebietes die Hauptstadt Ripuariens dem heiligen Bonifatius sich empfahl, allein nur kurze Zeit noch blieb der Kölner Kirche die höhere Würde versagt. Bereits unter Karl dem Grossen er- 22 scheint ihr Oberhirt Hildebold mit dem Titel eines Erzbischofs als Metropolit der Diözesen Lüttich, Utrecht und der neugegründeten sächsisch-westfälischen Bisthümer. Seine Hauptstadt bildete längst 23 durch ihre heiligen Ueberlieferungen einen Sammelpunkt für das christliche Leben weiter Gebiete. Auf die Zahl und Schönheit ihrer Gotteshäuser richteten sich bewundernd die Blicke der Mitwelt. Neben der Kathedrale von St. Peter, deren erste Erneuerung auf Hildebold selbst zurückgeführt wird, ragten im Innern 24 der Stadt die alten Hauptpfarrkirchen St. Columba, St. Alban und St. Laurentius hervor. Ehrwürdiger noch als diese und vielleicht 25 eng verknüpft mit der frühesten christlichen Geschichte Kölns war St. Cäcilia, zugleich eine Stätte für die Verehrung des heiligen

26 Maternus, des ersten Bischofs. Die Kirche der Benediktiner Abtei St. Martin wurde eben in jener Zeit durch einen Paladin des grossen Kaisers aus Trümmern neu emporgerichtet und Papst Leo III.
27 weihte am Christfeste des Jahres 805 ihre Altäre. Ausserhalb der römischen Umfassungsmauern lagen damals noch die Stiftskirchen St. Severin, St. Kunibert, St. Ursula und St. Gereon, jene Ruhestätte der thebäischen Martyrer, die schon drei Jahrhunderte vor-
28 her um ihres reichen Schmuckes willen hoch gepriesen wird.

All dieser kirchliche Glanz und was von römischer Herrlichkeit sich die Tage der Franken hindurch erhalten hatte, fiel im Herbste des Jahres 881 den verheerenden Beutezügen normannischer Seekönige zum Opfer. Wie hart das Schicksal Kölns und seiner Nachbarorte war, lässt die Wehklage der Zeitgenossen er-
29 messen. Aber so gross war die Lebenskraft in der damals schon fast tausendjährigen Stadt, dass nach kurzer Frist die Mauern und Thore wieder hergestellt und die zerstörten Tempel aus dem Schutte neu erstanden waren. Durch welche Mittel eine so grossartige, auf einheitliche Sammlung und Führung aller Kräfte hindeutende
30 Leistung erreicht wurde, ist uns zu erkennen versagt. Wir wissen nur, dass Köln, aller politischen Selbständigkeit aus früheren Tagen längst entkleidet, dem Verbande der fränkischen Gauverfassung eingefügt und vielleicht nicht einmal als Hauptort einer Grafschaft
31 besonders ausgezeichnet war.

Erst in den Zeiten, da das sächsische Kaisergeschlecht auch am Rheine seine Macht zu entfalten beginnt, treten die inneren Verhältnisse der Stadt in helleres Licht. Erzbischof Bruno, der Bruder und Rathgeber Ottos des Grossen, als der erste unter den Inhabern des kölnischen Stuhles mit herzoglicher Würde bekleidet, aufgenommen unter die Fürsten des Reiches und geehrt durch das Erzkanzleramt für Italien, ist auch der erste, in dessen Hände mit der Grafengewalt die hoheitlichen Befugnisse der Rechtsprechung
32 und der Zollerhebung gelegt werden. Seitdem ist die Bürgerschaft aus dem Gauverbande herausgehoben und auch für Köln erhält von nun an erst recht das Wort seine Geltung, „dass die Stadt am Bisthum aufgewachsen sei, wie das Epheu an einer Mauer". In den Berichten der Zeitgenossen steht die Persönlichkeit des jedesmaligen Stadtherrn im Vordergrunde: Fürstengestalten wie Erzbischof Heribert, der mit dem Schwerte in der Hand dem letzten ottonischen Leichenzuge durch Welschland Bahn schaffte, der zugleich frommen Sinnes in der Abtei Deutz eine neue Heimstätte

geistlichen Lebens und gelehrter Arbeit begründete, wie Piligrim, 33 der mit den Waffen nicht minder als mit klugem Rathe das Ansehen des Reiches jenseits der Alpen zu sichern wusste, wie Her- 34 mann II., der, wenige Jahrzehnte vor dem Ausbruche der erschütternden Kämpfe, Papst und Kaiser auf kölnischem Boden in Freundschaft zusammenführte, erscheinen ja auch uns noch eng 35 verbunden mit dem grossen Gange der vaterländischen Geschichte. Dennoch können die Jahrbücher des Reiches und der Kirche nicht ganz verschweigen, dass eine neue Kraft sich auf den Schauplatz des öffentlichen Lebens zu drängen sucht, dass ein in Arbeit und kaufmännischer Umsicht unmerklich gereifter Stand Anerkennung und Rechte zu verlangen beginnt.

In Köln gab den Anstoss zu der ersten Regung bürgerlichen Selbstgefühls, von der wir Kunde haben, Erzbischof Anno II., ein Fürst, in dessen Wesen seltsam mit weltflüchtiger Entsagung weltliches Machtstreben sich verband, den selbst seine begeisterten Lobredner von dem Vorwurfe leicht aufwallenden Jähzornes nicht freisprechen können, dem gleichwohl um grosser Verdienste willen die Kirche den Namen des Heiligen verleihen durfte. Die Rücksichts- 36 losigkeit, mit welcher eine an sich wahrscheinlich berechtigte Forderung dem Kaufmannsstande gegenüber geltend gemacht wurde, trieb in der Osterzeit des Jahres 1074 Vornehme und Geringe zu bewaffnetem Aufruhr. Ermuthigend wirkte dabei sonder Zweifel der 37 Hinblick auf die Bürger von Worms, denen der König soeben den Widerstand gegen ihren Bischof mit Gunstbezeugungen gelohnt hatte. In Köln allerdings war die ungestüme Bewegung kaum drei 38 Tage lang siegreich, dann kehrte Anno in seine Stadt zurück und schreckte alle durch ein blutiges Strafgericht: allein so düster jetzt unter der Rache des Zwingherrn das Schicksal Kölns sich zu gestalten drohte, so verödet den Blicken des zeitgenössischen Geschichtschreibers die kurz vorher noch von rauschendem Verkehr belebten Strassen erscheinen mochten, unfruchtbar für die Entwicklung städti- 39 scher Freiheit war auch dieser missglückte Versuch keineswegs geblieben. Das zeigte sich besonders deutlich, als in den Kämpfen Heinrichs IV. mit seinem treubrüchigen Sohne die Kölner Bürgerschaft, in offenem Gegensatze zu der Politik des Erzbischofs, dem mit Acht und Bann beladenen Kaiser Schutz und Beistand gewährte. 40

Die Niederlage unter Anno dem Heiligen war so bald verwunden, dass Köln schon im Beginne des neuen Jahrhunderts geradezu die vornehmste Stadt Deutschlands genannt werden konnte. Und je 41 reicher die wirthschaftlichen Kräfte der Bevölkerung sich entwickelten, je heftiger zu gleicher Zeit der Kampf der Parteien im Reiche entbrannte, um so verwegener bekundete sich das Gefühl der jungen Stärke. Das beweisen zahlreiche stürmische Vorgänge. Konnte es doch in Köln geschehen, dass Lothar, der eben erst im Glanze der Kaiserkrone über die Alpen zurückgekehrt war, vor einem Aufstande 42 der Bürgerschaft aus der Stadt entweichen musste. Machtlos stand auch Erzbischof Arnold I. im Sommer 1146 der tosenden Menge seiner Unterthanen gegenüber, als die Kreuzpredigten des Mönches Radulf alles Volk am Rheine zu blutiger Verfolgung der Juden-43 schaft aufreizten. Und während sein Nachfolger, Arnold von Wied, der kraftbewusste Kanzler Konrads III., in Rom das Pallium empfing, bedurfte es nachdrücklicher Mahnungen des Papstes, um ihm die Güter seiner Kirche gegen die Zügellosigkeit der Kölner 44 zu schützen.

Mag man nun in alle dem nur ungestüme Ausbrüche vorübergehender Erregungen sehen wollen, so ist doch auch bereits in den Zeiten der Entwicklung eine feste politische Richtung bei den eigentlich treibenden Gewalten des städtischen Lebens deutlich erkennbar. Auf diese mussten zunächst Erwägungen kaufmännischer Art bestimmend wirken und deshalb vermochten sie nicht immer denselben Wegen nachzugehen, welche die Reichsfürsten auf dem kölnischen Erzstuhle einzuschlagen für gut fanden. Unter allen Handelsbeziehungen aber trat eine hervor, welche die Bürgerschaft nicht sowohl zu ihrem Landesherrn als vielmehr zu der kaiserlichen Politik oftmals in Gegensatz brachte.

Es ist nicht unwahrscheinlich, dass bereits in karolingischer Zeit ein bemerkenswerther Verkehr zwischen Köln und den bri-45 tischen Häfen bestand. Für den Ausgang des elften Jahrhunderts bezeugt ihn mit voller Sicherheit eine Londoner Zollordnung und um das Jahr 1150 werden kölnischen Kaufleuten als den „hommes le emperour d'Alemayne" weitgehende Vergünstigungen für ihren 46 Handel an der Themse gewährt. Im Auftrage Barbarossas legte bald darauf sein gewandtester Staatsmann, Erzbischof Reinald von Dassel, den ersten Grund zu Verbindungen mit dem englischen Hofe, von denen der Kaiser nicht ahnen konnte, wie sehr sie der-47 einst seinen Erben zum Unheile gedeihen sollten. Die Nachfolger Reinalds liessen von der Freundschaft mit dem Hause Plantagenet auch da nicht ab, als dieses längst zum Hort aller welfischen Bestrebungen sich gemacht hatte, ja, es bildete sich allmählich für Stadt und Bisthum Köln gewissermassen eine englische Ueberlieferung heraus, welche durch die Wechselbeziehungen zwischen dem Handelsgewinn der kaufmännischen Bevölkerung und den politischen Vortheilen der Kölner Kirchenfürsten lebendig erhalten wurde. Insbesondere wusste sogleich Philipp von Heinsberg seinen Widerstand gegen die staufische Macht mit den städtischen Interessen in Einklang zu bringen. Unter seiner Herrschaft ward denn 48 auch den Bürgern ein bedeutsamer, wenngleich nur mittelbarer Lohn für ihre welfische Haltung zu Theil: die Erweiterung des Stadtbezirkes und die Befestigung des vergrösserten Gebietes durch jenen Mauerring, der sieben Jahrhunderte lang ihm zum Schutze dienen sollte. Der Bau der neuen Umwallung, welche vor allem die jenseits der Römermauer im Süden und Norden erwachsenen Vorstädte Airsbach und Niderich einbezog, war um das Jahr 1180 ohne Wissen und Willen des Erzbischofs unternommen worden. Besorgt um seine Hoheitsrechte erhob dieser Einspruch, allein bald kam ein Ausgleich zu Stande und als sieben Jahre später die Stadt gegen den Kaiser in Waffen sich befand, half Philipp selber das begonnene Werk eifrig fördern und durch Thorburgen verstärken. 49 In ähnlicher Weise kam es den Kölnern zu gute, dass sie König Otto IV. in den Zeiten seines Niederganges nicht aufgaben und selbst nach dem Unglückstage von Bouvines hinter ihren neugeschaffenen Mauern ihm noch sichere Zuflucht boten: die Gunstbriefe, welche Johann von England ihrem Handel gewährte, nehmen ausdrücklich Bezug auf die unwandelbare Treue der Bürgerschaft gegen seinen Neffen. Besonders augenfällig bekundete die rheinische 50 Hauptstadt vor aller Welt ihre freundschaftlichen Gesinnungen für das britische Reich, als sie im Mai des Jahres 1235 der Kaiserbraut Isabella, der Schwester des englischen Herrschers, einen überaus prunkvollen Empfang bereitete. In den Schilderungen der Zeitgenossen erscheint dieses Fest mit seiner Entfaltung glänzenden Reichthums und künstlerischen Schmuckes wie ein Gegenstück zu jener Mainzer Schwertleite, bei welcher ein halbes Jahrhundert vorher die Kraft und Feinheit ritterlicher Bildung den Stolz der Geschichtschreiber und die Bewunderung der höfischen Dichter erregt hatte, zugleich aber als ein frühes Zeugniss dafür, dass dem deutschen Bürgerthume nach der Lust am Gewinne auch die Freude am Schönen erblüht war. 51

Mit der wohlerwogenen Hingabe an das welfische Geschlecht und seine Freunde verband sich leicht zu jener Zeit, welche in den Nachfolgern Petri die unbeugsamen Gegner des ghibellinischen Staatsgedankens erkennen musste, eine besondere Anhänglichkeit an den apostolischen Stuhl. In Köln aber war diese keineswegs geschaffen oder bedingt durch den Widerstreit gegen die staufische Politik. Hier hatte sie ihre stärksten Wurzeln in der kirchlichen Gesinnung des Volkes, in der Fülle von Ueberlieferungen aus der Frühzeit des Christenthums. Schon vor der Mitte des zwölften Jahrhunderts nennt sich die Stadt in der Umschrift ihres Siegels 52 „der römischen Kirche getreue Tochter". Für diese Treue war in den alles verwirrenden Kämpfen zwischen Papst und Kaiser nur eine Zeit der Bewährung gekommen. Der Lohn blieb ihr nicht versagt. Es ist bezeichnend, dass noch Alexander III. dem Erzbischofe von Köln, neben den geistlichen Ehrenrechten, fast in dem Wortlaute 53 der ottonischen Privilegien die Stadtherrschaft bestätigt, während bereits zu Beginn des neuen Jahrhunderts Innocenz III. den bür- 54 gerlichen Freiheiten seinen Schutz zuwendet. Von da ab mehren sich in rascher Folge die Gunstbeweise der Päpste für die heilige Stadt am Rheine. Und auch im Rathe der deutschen Fürsten fand das mächtige Gemeinwesen oftmals Sitz und Stimme, lange bevor die Verfassung des Reiches dem neuen Stande Zutritt gewährt 55 hatte.

Es bedarf kaum der ausdrücklichen Erwähnung, dass die freie Bethätigung politischen Urtheils eine von der landesherrlichen Gewalt unabhängige Vertretung und Leitung der Bürgerschaft voraussetzen lässt. In welchem Zeitraume aber hatte eine solche rein städtische Behörde sich entwickelt, aus welchen Keimen war sie hervorgegangen, wie begrenzten sich ihre Befugnisse? Diese Fragen, welche dem Ursprunge und den ältesten Formen der Kölner Stadtverfassung nachgeben, bilden schon seit Jahrzehnten den Mittelpunkt der städtegeschichtlichen Forschung in Deutschland, ohne dass bisher eine völlig befriedigende Lösung gefunden 56 wäre. Unzweifelhaft sind auch hier die Grundlagen der bürgerlichen Selbstverwaltung zu Beginn des zwölften Jahrhunderts geschaffen worden, allein weder die Urkunden jener Zeit noch die erzählenden Quellen gewähren Auskunft über den Vorgang. Einzig und allein unsere heimische Königschronik enthält den knappen und deutungsfähigen Bericht, dass im Jahre 1112 in Köln eine 57 „coniuratio pro libertate" zusammengetreten sei. Ob es sich jedoch damals um einen beschworenen Verbund zur Erwerbung und Wahrung politischer Rechte gegenüber dem Erzbischofe gehandelt habe, bleibt ganz im ungewissen. Sichere Kenntniss besitzen wir um jene Zeit nur von den Sondergemeinden, deren Vorsteher neben

gewissen richterlichen Befugnissen die Verwaltung des Grundbuch-
wesens übten. Als älteste Vertretung der Gesammtgemeinde be-58
gegnet das Schöffenkollegium des städtischen Gerichtes, die Gemeinde selbst aber erscheint in öffentlicher Thätigkeit erst gegen
die Mitte des Jahrhunderts. Bereits vorher ist durch umfangreiche 59
Namenlisten eine verkehrspolitische Genossenschaft von aussergewöhnlicher Wichtigkeit bezeugt, jene allgemeine, keineswegs
nach Stand und Beruf gegliederte Gilde, in deren Händen die
Aufsicht über den gesammten Gewerbebetrieb und Handel innerhalb
der Stadt sich befand, insbesondere auch das bedeutungsvolle Recht,
den Weinzapf zu gestatten. Geleitet wurde die Gilde durch selbst-
gewählte Bürgermeister, deren Machtbefugnisse im Laufe der Zeit
mannigfachen Wandlungen unterworfen waren. Die Genossenschaft
als solche musste den grössten Theil ihres ursprünglichen Ein-
flusses verlieren, nachdem die einzelnen Gewerbe sich in zünftischen
Verbänden abzuschliessen begonnen hatten. Inzwischen aber entwickelte sich aus dem Bürgermeisterthum der Gilde und als
eine vorübergehende Erscheinung neben ihm das Amt der Richerzeche. Auf diese, ihrer vornehmeren Zusammensetzung gemäss
wenig zahlreiche Verbindung ging dann wiederum zu Beginn des
dreizehnten Jahrhunderts aus den Händen des Schöffenkollegiums
das ausschliessliche Recht über, die Zünfte zur zwangsweisen
Heranziehung aller Handwerksgenossen zu ermächtigen. Die eigentliche Obrigkeit jedoch, welche die gesammten städtischen Interessen
zu wahren berufen war und mit diesem Berufe den Keim zu dauern-
der politischer Bedeutung in sich trug, bildete seit dem Ende des
zwölften Jahrhunderts etwa der städtische Rath und an seine Spitze
traten nach der allmählichen Auflösung der Gilde, gewissermassen
als Machthaber aus eigenem Rechte, die beiden Bürgermeister, um
bis zum Ende der reichsstädtischen Herrschaft in ihrer Würde zu
verbleiben. 60

Diese stetige Fortentwicklung der bürgerlichen Verwaltungs-
körper schloss eine so leicht erkennbare Gefahr für die Hoheitsrechte des Erzbischofs in sich, dass in ruhigen Zeiten ein starker
Träger des alten Stadtregiments zum Widerstande sich gedrängt
sehen musste. Mit unerschütterlicher Festigkeit trat sofort Engelbert der Heilige den Freiheitsgelüsten seiner Unterthanen entgegen.
Wir hören kaum von einem Kampfe der beiden Gewalten, so bald
unterwarf sich die Stadt den Geboten ihres Herrn, der eben damals
kraftvoll den Frieden im Reiche schirmte. Anders wurden die 61

Dinge, als der Kirchenfürst nach einem Jahrzehnte segensreicher
Herrschaft den Tod um der Gerechtigkeit willen gefunden hatte.
Heinrich von Molenark, eingeschüchtert durch das Ungestüm der
Bürger, widerrief alsbald die hemmenden Verordnungen seines
Vorgängers und behandelte in weitgehenden Zugeständnissen seine
Unterthanen als vertragsfähige Macht. Den verhängnissvollen Fehler
wieder auszugleichen verwehrten ihm die vielfältigen Bedrängnisse
62 seiner späteren Jahre.

Dass diesem kraftlosen Regenten gerade ein Mann wie
Konrad von Hostaden folgte, ein Herrscher von entschiedenem
Willen und fürstlichem Selbstbewusstsein, musste die Fortschritte
der bürgerlichen Unabhängigkeit neuerdings wieder in Frage
stellen. Allein auf widerstandslose Unterwerfung, wie einstmals
Engelbert, durfte jetzt auch ein gleich thatkräftiger Gebieter
nicht mehr zählen. Im Anfange schien Konrad die bestehenden
Verhältnisse stillschweigend anerkennen zu wollen, aber nur so
lange, als er in zahlreichen Fehden und bei gewaltigem Ein-
greifen in den Gang der Reichsgeschicke des Friedens mit
seiner Stadt oder gar ihrer Hilfe bedurfte. Sobald er freie Hand
zu haben glaubte, begann er die Wiedergewinnung seiner stadt-
63 herrlichen Rechte mit Nachdruck zu erstreben. Den angebotenen
Kampf vermochte die Bürgerschaft um so zuversichtlicher aufzu-
nehmen, als auch ihre kriegerische Tüchtigkeit schon oft zur Geltung gelangt war. Kaiser Heinrich V. hatte sie mehr als einmal
64 zu seinem Nachtheile erfahren müssen; Söhne der rheinischen
Hauptstadt waren unter denen, welche am St. Ursulatage des Jahres
65 1147 Lissabon den Sarazenen entrissen; kölnischer Tapferkeit
dankte Reinald von Dassel seinen glänzenden Sieg über die
66 Römer bei Tusculanum; und kölnische Streiter vor allem waren
der begeisternden Kreuzpredigt des Scholasters Oliverius bis
67 unter die Mauern von Damiette gefolgt. Noch zuletzt hatte Erzbischof Konrad selbst den Beistand seiner Bürger in den Feld-
68 zügen gegen Brabant und Limburg gefunden. Den Muth der
Städter hoben zahlreiche Schutzverträge mit Fürsten und Herren.
Besonders eng verbunden waren ihnen die Grafen von Jülich und
von Berg, aber auch die Rittergeschlechter der rheinischen Gebirge,
die Herren von Schleiden, Reifferscheid und Virneburg, die von
Molsberg, Katzenelnbogen und andere standen ihnen zur Hilfe
69 bereit. Und was nicht am wenigsten galt: gerade damals empfing
das bürgerliche Selbstgefühl einen mächtigen Antrieb durch die

Begründung des grossen rheinischen Städtebundes unter der Gunst König Wilhelms von Holland. So begann denn ein Ringen mit 70 gleichen Kräften, in welchem der Sieg vielfältig schwankte. Der zweifelhafte Erfolg eines blutigen Waffenganges endlich machte beide Parteien zum Vergleiche geneigt. Albert der Grosse, der schlichte Lesemeister im Kloster der Predigermönche zu Köln, trat vermittelnd zwischen Erzbischof und Stadt. Am 28. Juni 1258 verkündete er seinen Schiedsspruch, der sorgfältig das geschichtliche Recht des Fürsten abwog, nicht minder verständnissvoll jedoch auf den Stand und die Ziele der städtischen Entwicklung einging. Der bedeutungsvolle Grundsatz, dass die bürgerliche Selbstverwaltung in den nun einmal bestehenden Formen keineswegs den Gerechtsamen des Landesherrn zuwider sei, gelangte entschieden genug zum Ausdrucke, um das Laudum Conradinum hinfort als den eigentlichen Freibrief der Stadt Köln erscheinen zu lassen. 71

Allein auch die so verbrieften Errungenschaften blieben nicht unangefochten. Konrad von Hostaden selbst starb in erneutem Hader mit seinen Bürgern, nachdem er im Frühjahre 1259 zahlreiche Mitglieder der vornehmen Geschlechter ihrer Aemter in der Münzerhausgenossenschaft und im Schöffenkollegium entsetzt, andere sogar aus der Stadt verwiesen und ihre Macht durch Betheiligung der zünftlerischen Kreise an der Regierungsgewalt dauernd zu brechen gesucht hatte. Sein Nachfolger, minder fürstlichen 72 Sinnes als er, trug vollends Verschlagenheit und unedle Gewaltthat in den erbitterten Streit. In aller Gedächtnisse steht noch heute der so feige geplante wie schmählich vereitelte Ueberfall an der Ulrepforte, den im Herbste 1268 die Gesinnungsgenossen Engelberts von Falkenburg unternahmen, während er selber in der harten Gefangenschaft des Grafen von Jülich sass. So klar schien 73 damals das Unrecht des Erzbischofs zu Tage zu liegen, dass frommer Glaube selbst die Schutzheiligen Kölns in diesem merkwürdigen Kampfe für die Bürgerschaft eintreten liess. Seitdem 74 aber währte es noch bis in das dritte Jahr, bevor ein neuer Sühnevertrag und damit zugleich ein neuer Sieg der städtischen Freiheit beurkundet werden konnte, vermittelt wiederum durch Albert den Grossen, von dem mit Recht gesagt worden ist, dass er wie 75 ein guter Geist friedebringend über diesen Jahrzehnten waltete.

Kurze Zeit danach bestieg Siegfried von Westerburg den Erzstuhl, ein kraftvoller Herrscher von ritterlichen Gesinnungen, dem Scheine nach freilich gewillt, die Verträge mit seinen Unterthanen

unangetastet zu lassen, in Wahrheit aber fest entschlossen, was seine
76 Vorgänger preisgegeben hatten, mit Gewalt zurückzunehmen. Nur
die kurzsichtige Vertrauensseligkeit der städtischen Aristokratie
konnte sich darüber täuschen und die Zeit für eine ruhige Ausge-
staltung ihrer Macht gekommen glauben, während eben jetzt noch
77 einmal alles auf die Spitze des Schwertes gestellt werden sollte.

In dem erbitterten Kampfe, der seit dem Jahre 1280 zwischen
Geldern und Brabant um die Limburger Erbschaft geführt wurde,
war Erzbischof Siegfried auf die Seite des Grafen von Geldern
getreten. Je weiter der Krieg über alle niederrheinischen Gebiete
sich verbreitete, um so dringender wurde auch für die Stadt Köln
78 die Nothwendigkeit, Partei zu ergeifen. Ein geringfügiger Anlass
bewirkte, dass sie für die Feinde ihres Erzbischofs sich entschied.
Im Jahre 1288, am Tage des heiligen Bonifatius, kam es dann in
dem sumpfigen Gelände bei Worringen, wenige Stunden nördlich von
Köln, zu einer blutigen Schlacht, in welcher vor allem der Heldenmuth des bürgerlichen Heeres dem Herzoge von Brabant zum Siege
verhalf. Der Kirchenfürst selber wurde als Gefangener von dannen
geführt, und schon nach kurzer Frist musste er zu friedlichem Aus-
79 gleiche sich verstehen. Die Früchte des zweihundertjährigen Kampfes
durften nunmehr als gesichert gelten, die politische Selbständigkeit
der Stadt war anerkannt und dem ehemaligen Herrn erübrigte für
alle Zukunft nichts als fruchtloser Widerspruch und Verwahrung.
Sogleich Wikbold von Holte, der Nachfolger Siegfrieds, fügte sich
80 klug in dieses Verhältniss und liess die stolzen Geschlechter,
welche des Ursprungs von römischen Patriziern sich rühmten, im
81 Besitze der öffentlichen Gewalt immer mehr sich befestigen.

Fast zugleich mit dem bewegtesten und entwicklungsreichsten
Jahrhundert der mittelalterlichen Geschichte überhaupt war jetzt
auch für Köln eine lange Zeit unruhvollen und mühseligen Rin-
gens zum Abschlusse gelangt. Und inmitten dieser friedlosen
Tage hatten doch die reichsten Blüthen bürgerlicher Betriebsamkeit
und geistigen Lebens sich entfaltet.

Uralt, und älter noch als die hervorragende Würde der Stadt
im kirchlichen Leben Deutschlands, ist die Bedeutung ihres Handels. Schon Cäsar verbürgt, dass die Ubier im Tauschverkehre
mit dem westlichen Gallien standen, ja, dass sie eine ganze Kauf-
fahrteiflotte zur Bewerkstelligung seines Rheinüberganges ihm anzu-
82 bieten vermochten. Auf Gewinn aus früh entwickelter Handels-
thätigkeit geht sicherlich auch der Wohlstand zurück, den schon

in karolingischer Zeit der rasche Wiederaufbau der Stadt nach
dem verwüstenden Ueberfalle durch die Normannen erkennen lässt.
Nicht lange danach erfahren wir zuerst von jenen Beziehungen zu
England, welche in späteren Jahrhunderten ein so grosses Gewicht
erlangten. Das Stapelrecht des Erzbischofs Konrad vom 7. Mai 1259 [83]
gedenkt dann insbesondere der Verbindungen mit Ungarn, Böhmen
und Polen, mit Bayern und Schwaben, mit Niedersachsen, Thürin-
gen und Hessen, mit Flandern und Brabant. Um dieselbe Zeit [84]
aber bestand auch schon ein beträchtlicher Verkehr mit Dänemark und dem skandinavischen Norden. Dass der kölnische Kauf- [85]
mann auf den grossen Märkten der Champagne und des südlichen
Frankreich heimisch war, ist aus den Tagen Engelberts des Heiligen und Heinrichs von Molenark bezeugt. Verhältnissmässig spät [86]
tritt dagegen der Handel mit Venedig und Genua wie mit den
südromanischen Völkern hervor, da es hier einen Wettbewerb mit
Augsburg, Nürnberg, Regensburg und Frankfurt galt. Nur auf den [87]
Bankverkehr in Rom, Bologna und Siena mögen bereits in sehr
alter Zeit die vielfachen Beziehungen zum päpstlichen Stuhle hingewiesen haben.

Den Hauptgegenstand des Vertriebs, nach England und den
Niederlanden vor allem, bildete der Wein, wie er vom Elsass bis
zur Ahr in Köln zu Markte gebracht wurde. Besonders bezeich- [88]
nend aber für den Kölner Handel ist die starke Betheiligung
des einheimischen Gewerbes an der Ausfuhr. Grossen Rufes er-
freuten sich die Kölner Spinner, Weber und Färber, und die Genossenschaft der Gewandschneider umschloss die Vornehmsten des
Bürgerstandes. Selbst in der Sage berühmt waren die Erzeugnisse [89]
der Schwertfeger und Harnischmacher. Unter den Vertretern des [90]
Kunstgewerbes nahmen die Goldschmiede den höchsten Rang ein.
Jahrhunderte hindurch empfing ihre Thätigkeit stets erneute An-
regung aus dem Bestreben der heiligen Stadt, die Schatzkammern
der zahlreichen Kirchen mit kostbaren Schreinen und prunkvollem
Geräth zu füllen. So verbreitete sich ihr Ruhm in alle Lande:
aus Frankreich, aus Oesterreich, aus Ungarn gingen ihnen Auf-
träge zu und noch im fünfzehnten Jahrhundert vernehmen wir von
Kölner Goldarbeitern, die auf Sardinien ihre Kunst ausübten. [91]

Dass unsere Stadt ein angesehenes Glied der Hanse war,
bedarf hiernach kaum noch der Erwähnung; weit eher muss darauf
hingewiesen werden, wie wenig sie trotzdem geneigt schien, die
gemeinsamen Angelegenheiten des deutschen Kaufmannes dauernd

92 und kräftig zu vertreten. Ihr eigener Handel war eben zu früh
selbständig entwickelt und in feste Bahnen gelenkt, als dass sie
den genossenschaftlichen Schutz für ihn hätte suchen müssen. Auf
der grossen Strasse, die von der lombardischen Ebene her über
Basel und Strassburg nach Dordrecht und weiterhin nach London
führte, nicht minder auf den vielbegangenen Wegen, die den Rhein
mit Aachen und Mastricht, mit Gent und Brügge, mit Soest und
Goslar verbanden, hatten Wohlstand und grossstädtisches Wesen
ihren Einzug in Köln zu halten begonnen, lange bevor der Name
93 des hansischen Bundes begegnet.

Des künstlerischen Schmuckes entbehrte hier das bürgerliche
Leben so wenig wie in den Prachtstädten Italiens und der Nieder-
lande: dafür zeugen palastartige Wohngebäude, dafür nicl minder
94 die gewaltigen Thorburgen und Thürme der alten Umwallung.
Und um einen Blick in das Hauswesen und in die Verkehrsweise
eines Kölner Handelsherrn zu eröffnen, hat man passend auf eine
Dichtung Rudolfs von Ems hinweisen können; sein „guter Gerhard" ist das treue Abbild eines jener selbstbewussten, klugen
und weltgewandten Patrizier, deren kaufmännischem Geiste die
Stadt ihren Glanz verdankte, deren ritterlicher Tüchtigkeit die
95 Macht des Landesherrn erliegen musste.

Die höchsten Ehren aber trug Köln im ganzen Mittelalter
durch seine kirchliche Bedeutung. Keine Stadt diesseits der Alpen
durfte so grossartiger Gotteshäuser sich rühmen, keine vor allem
so zahlreicher und ehrwürdiger Heiligthümer. Ganze Schaaren
heldenmüthiger Blutzeugen und frommer Bekenner hatten hier ihre
Ruhestätte gefunden, und wenn die Hauptstadt der Christenheit
die Gräber der Apostelfürsten barg, so umschloss das „deutsche
Rom" seit den Tagen Reinalds von Dassel die Erstlinge der
Heidenwelt, die heiligen Dreikönige. Unablässig strömten darum
Pilger aus dem ganzen Abendlande dem Rheine zu und mehrten
96 den Reichthum der heiligen Stadt und ihrer Kirchen. Und hier
in Köln hat sicherlich, nach J. F. Böhmer's schönem Worte „das
ganze Gemeinwesen wie jeder Einzelne sein liebstes Streben an
97 ein grosses Werk der Kunst geknüpft". Deshalb konnten auch in
ernsten Zeitläuften, während Parteihader und Krieg das ganze
Reich verwirrten, Bauwerke von solcher Vollendung wie St. Aposteln,
St. Georg, St. Gereon, St. Kunibert, St. Maria im Kapitol, St.
98 Martin, St. Mauritius und wie der Dom vor allem sich erheben;
desshalb konnten Schöpfungen der Goldschmiedekunst entstehen wie

der Dreikönigenschrein, wie die Schreine des Erzbischofs Heribert
in Deutz, der Martyrer Albinus und Maurinus in St. Pantaleon,
wie so manches andere Prunkstück, dessen Untergang wir be-
klagen müssen. 99

Ueberaus gross war die Zahl der geistlichen Genossenschaften, welche in Köln ihre Wirksamkeit entfalteten. Zu den alten Stiftskirchen und den Benediktinerabteien St. Martin, St. Pantaleon und
St. Heribert gesellten sich bereits unter Engelbert dem Heiligen
Niederlassungen der Minoriten, der Dominikaner und der Karmeliter. Im Beginne des vierzehnten Jahrhunderts folgten ihnen die
Kartbäuser, deren Begründer nach der Ueberlieferung einem kölnischen Geschlechte entstammte. Auch unter den Ansiedlungen weib- 100
licher Orden liessen viele von Bedeutung sich nennen; vor allen
ragt das alte Kloster St. Mauritius hervor. Daneben war bereits
um die Mitte des dreizehnten Jahrhunderts die Menge der Beguinen
so gross, dass ein englischer Berichterstatter sie staunend auf mehr
denn zweitausend angiebt. 101

Die eifrige Pflege der Wissenschaften in den Stiftsschulen und
Klöstern Kölns verhalf der Stadt schon früh zu dem Ansehen
eines vorzüglichen Sitzes der Gelehrsamkeit. Hier wirkten der
Mathematiker Ragimbold und Franko, der Erfinder des Mensural-
gesanges. Mit Köln sind auch die Namen eines Rupert von Deutz,
Caesarius von Heisterbach, Johannes Duns Scotus und Meister
Eckhart eng verknüpft. Alle jedoch überragt der eine Mann, der 102
seiner politischen Bedeutung wegen auf diesen Blättern schon hat
genannt werden können: Albert von Bollstädt, der Lesemeister im
Kloster der Dominikaner. Nicht durch Geburt der rheinischen Hauptstadt angehörend, hat er doch in ihren Mauern lange Jahre hindurch jene vielseitige Thätigkeit geübt, welche in der Entwicklungs-
geschichte so mancher Wissenschaft unvergessen bleiben wird, und
hier in Köln hat Thomas von Aquino zu seinen Füssen gesessen.
Längst gewürdigt ist, wie grosses er auf dem Gebiete der Theologie und der christlichen Philosophie geleistet hat. Die neuere
Zeit hat auch dankbar anerkannt, dass er der Pflanzenkunde
tieferen Werth zurückgab, als er über die Kräuterbeschreibungen
der späteren Griechen und Araber hinaus den Spuren eines
Aristoteles und Theophrast zuerst wieder nachging, dass er ebenso
für die Zoologie durch die Herstellung des aristotelischen Ansehens
den sicheren Halt schuf, an welchem der neu erwachende For-
schungseifer zur wissenschaftlichen Höhe sich erheben konnte,

dass er endlich auch in dem, was er zur Förderung des geographischen Denkens wirkte, „das beglückende Schauspiel einer beschleunigten Entwicklung gewährt".

So stand Köln um die Wende des dreizehnten Jahrhunderts in vielfältigem Glanze da, mehr noch als zuvor des hohen Lobes werth, das Innocenz III. ihm einst gespendet, „erhaben vor allen Städten Deutschlands durch Ruhm wie durch Pracht". Diesem Vorrange entsprach die selbstbewusste Kraft, mit welcher die Bürgerschaft in die Kämpfe der neuen Zeit eintrat. Sogleich die Doppelwahl des Jahres 1314 brachte sie in Gegensatz zu ihrem Erzbischofe, der um hohen Preis seine Kurstimme dem Habsburger verkauft hatte. Dass Ludwig der Bayer im Juni 1317 zu Bacharach einen Landfrieden für die rheinischen Gebiete verkündete, gewann ihm nur noch mehr die Freundschaft der ruhebedürftigen Städte. Es galt denn auch wirklich die Sache des Friedens, als die Kölner dem streitlustigen Heinrich von Virneburg das feste Schloss Brühl, die Hauptstütze seiner Macht am Niederrhein, entreissen halfen. Nachdem dann zu Beginn des Jahres 1332 Walram von Jülich in den Besitz der erzbischöflichen Würde gelangt war, durfte man endlich ruhige Tage gekommen glauben: war er doch ein Sohn desjenigen Fürstenhauses, mit welchem die Stadt seit vielen Menschenaltern durch die Gemeinsamkeit der Interessen mehr noch als durch Verträge freundschaftlich verbunden war. In der That wurde das gute Einvernehmen mit Walram selbst dadurch nicht ernstlich gefährdet, dass dieser gegen das Ende seiner Regierung zu Karl IV. überging, während die Bürgerschaft, auch jetzt wieder geleitet durch die Freundschaft für England, dem Bayern treu ergeben blieb. Der neue König aber vergass leicht und gern solche Treue, als Köln nach dem Tode seines Gegners bereitwillig ihm selber sich zuwandte.

In den gleichen Tagen fast, in denen der Luxemburger seinem Danke für die Huldigung des mächtigen Gemeinwesens durch zahlreiche Gunstbezeugungen Ausdruck gab, wurde der innere Friede der Stadt durch ein grauenvolles Ereigniss tief erschüttert. Unselige Erinnerungen sind, nicht für Deutschland allein, mit dem Jahre 1349 verbunden: im Gefolge des schwarzen Todes hielt damals der Judenmord seinen Rundgang durch die Lande. In Köln war die jüdische Gemeinde alt und reich. Schon unter Konstantin dem Grossen wird ihrer in bedeutungsvoller Weise gedacht und bis in die Zeit des zweiten Kreuzzuges hat sie ruhiger

Fortentwicklung, vielleicht gar aussergewöhnlicher Bevorzugung sich erfreuen dürfen. Nachdem einmal durch die Mahnungen des heiligen Bernhard eine vorübergehende Erregung der irregeleiteten Menge beschwichtigt war, dauerte der äussere Friede unter dem Schutze des päpstlichen Stuhles und der Kölner Kirchenfürsten wieder zwei volle Jahrhunderte lang. Als aber jetzt in den Schreck- 111 nissen des grossen Sterbens ein fürchterlicher Argwohn alle Gemüther ergriff, vermochte keine Gewalt mehr den Ausbruch des lange verhaltenen Grolles zu hemmen. Am Abende vor St. Bartho- 112 lomäus kam auch in Köln über die Judengassen Brand, Plünderung und Todtschlag. Vergebens suchte der Rath das Unheil zu verhüten, vergebens schritt der Erzbischof ein: beiden blieb am Ende nichts anderes übrig, als — das Besitzthum der Ermordeten unter sich zu theilen.

113

Diesem blutigen Zwischenspiele folgten bald Unruhen anderer Art und tieferer Bedeutung. Es handelte sich nicht mehr um den veralteten Gegensatz zwischen der Stadt und ihrem ehemaligen Gebieter: beide Theile hatten einstweilen in die bestehenden Verhältnisse sich gefunden und wenn auch die oft beschworene Freundschaft noch manchmal eine Trübung erfuhr, so erstrebte man doch selten den Ausgleich anders, als auf dem Wege des Rechtes und gütlicher Verhandlung. Die schlimme Saat neuer Zwietracht keimte im Schosse der Bürgerschaft selbst.

Schon damals, als Kaiser Friedrich II. die Vertreter der Kölner Stadtgemeinde insgesammt noch seine „edelen Bürger" nennen gekonnt, war das erstarkte Selbstgefühl der Handwerksgenossenschaften in drohenden Bewegungen gegen die stolzen Kaufmannsgeschlechter hervorgebrochen. Konrad von Hostaden hatte dann 114 bereits zur Schwächung seiner Gegner sich der Zünfte bedienen dürfen, als einer politischen Macht, an deren Bedeutung dadurch nichts geändert wurde, dass die Aristokratie sie mit Spott und Hohn überschüttete. Unter Engelbert von Falkenburg warben gar 115 die Geschlechter selbst in ihren inneren Fehden um die Freundschaft der missachteten „Gemeinde". Allein zu dauernden Erfol- 116 gen gelangte die Volkspartei durch solche Anerkennung ihres Werthes keineswegs, und vollends nach dem Siege von Worringen hatte es den Anschein, als sei den Patriziern auf immer die Stadtherrschaft gesichert. Rath, Schöffenkollegium und Richerzeche waren gewissermassen ihr Familienbesitz geworden. Wenn aber mit Recht gesagt worden ist, dass in allen mittelalterlichen Städten,

je mehr der Handelsverkehr sich steigerte, desto mehr für die herrschenden Geschlechter die Schwierigkeit wuchs, im Besitze der Finanzverwaltung und des Aufsichtsrechtes über die Zünfte sich zu behaupten, so gilt das ganz besonders von Köln, weil fast nirgends in gleichem Masse die Gewerbe selbst in den kauf-
117 männischen Betrieb eingriffen. So erhoben denn auch hier die zünftischen Verbände jenen Kampf um Betheiligung am Regiment, der keiner deutschen Stadt völlig erspart geblieben ist.

Mehr durch schlechte Verwaltung der öffentlichen Geldmittel als durch gewaltthätigen Druck rief das Patriziat um die Mitte des Jahrhunderts die ersten Unruhen hervor, welche auf eine Verfassungsänderung abzielten. Eine ernstliche Erschütterung aber erlitt seine Stelle dadurch um so weniger, als in derselben Zeit die gesammte Bürgerschaft durch die Sorge um den Frieden im Lande und durch äussere
118 Verwicklungen in Anspruch genommen war. Weit bedenklicheres Ansehen gewann die Bewegung in dem grossen Weberaufstande des Jahres 1370, allein einem kurzen Siege der Demokratie folgte auch jetzt unter blutigen Strafgerichten die Wiederherstellung der alten Machthaber und seitdem in der That ein aristokratisches Regiment von unerträglicher Härte. Es besserte in nichts die Lage des Volkes, dass
119 unter den Geschlechtern selbst erbitterter Parteizwist herrschte, dass sie auch mit dem Erzbischofe Friedrich von Saarwerden über
120 die Zusammensetzung des Schöffenkollegiums in Hader geriethen: mochte siegen wer wollte, die „arme Gemeinde" hatte den Schaden. Ein Vierteljahrhundert lang bedrohten Willkür, eifersüchtiger Ehrgeiz und Verschleuderung des städtischen Vermögens die Fortdauer des bürgerlichen Wohlstandes in Köln. Endlich, am 18. Juni 1396, gelang es den Zünften, durch einen kühnen, aber unblutigen Handstreich der übermüthigen Gewalthaber sich zu bemächtigen und damit die Herrschaft des Patriziats für immer zu brechen. Am 14. September desselben Jahres wurde in dem Verbundbriefe der zweiundzwanzig Gaffelgesellschaften, dem Werke des vielgewandten, in allen Listen erfahrenen Stadtschreibers Gerlach vom Hauwe, das Grundgesetz der neuen demokratischen Verfassung verkündet und beschworen. Diese Verfassungsurkunde aber, die sich selber ausgegangen nannte von der „gemeynde alle gemeynligen arm ind ryche", bedeutete keineswegs die künstliche Schöpfung einer veränderten Regierungsgewalt: sie berührte kaum die bisherige Vertheilung der Befugnisse innerhalb der städtischen Verwaltung. Durchgreifend jedoch war der Umschwung insofern,

als fortan nur noch Zünfte im Rathe sassen. Diese Neugestaltung der Dinge zu sichern, genügte im Wesentlichen die Verbannung und empfindliche Schatzung der hervorragendsten und am meisten verhassten Familien aus den Geschlechtern. Nur zwei 121 Männer, welche durch die Beihilfe auswärtiger Fürsten und Herren das alte Regiment wieder herzustellen bemüht waren, mussten ihr Leben auf dem Blutgerüste lassen: Ritter Hilger von der Stessen und Hermann von Goch, dieser ein weltkundiger Grosskaufmann mit weitverzweigten Verbindungen, jener ein leidenschaftlicher Parteiführer, hochfliegender Pläne und verderblicher Ehrsucht voll, beide sicherlich auch nach unseren Begriffen des Verrathes an der Heimath schuldig.

Der Erzbischof gab sehr bald mit dem Erfolge der Umwälzung sich zufrieden und auch der Kaiser schenkte den Bitten und Klagen der Vertriebenen nicht eben lange Gehör. So blieb es denn Thatsache, dass die Nachkommen derjenigen, denen die Stadt unzweifelhaft Freiheit und Grösse verdankte, von der Leitung des öffentlichen Lebens auf immer zurückgetreten waren. Noch ein 122 schönes Vermächtniss jedoch hatten sie der neuen Zeit überantwortet.

Die verderbliche Spaltung im Schosse der Kirche trennte damals auch die gelehrte Welt in zwei Heerlager und voran in dem Kampfe für Rom oder für Avignon standen die grossen Hochschulen. Während nun die Universität Paris durch die Politik des französischen Hofes zu Klemens VII. hinübergedrängt wurde, erwuchs für die grosse Zahl ihrer deutschen Schüler das Bedürfniss, neue Bildungsstätten im Vaterlande zu gründen. Den Geschlechtern ist es zum Verdienste anzurechnen, dass sie, inmitten der Parteikämpfe, welche ihre Vorherrschaft vielfältig bedrohten, verständnissvoll dem Streben wissenschaftlicher Kreise nach der Errichtung einer Universität in Köln sich anschlossen. Am 21. Mai 1388 ertheilte Papst Urban VI. dem Vorhaben seine Genehmigung und bereits zu Beginn des folgenden Jahres nahm die Thätigkeit der neuen Lehranstalt ihren Anfang. Als Vorbild diente ihr das studium generale zu Paris, im Uebrigen aber darf sie, obgleich entstanden in einer alten Heimath geistigen Lebens, als eine freie Schöpfung deutschen Bürgersinnes gelten, ohne erkennbaren Zusammenhang mit den ehedem hochberühmten Schulen der kölnischen Stifter und Klöster. Alle Zweige des Wissens empfingen 123 nunmehr gleichmässige Pflege, und wenn am Schlusse des fünfzehnten Jahrhunderts ein Chronist unter den fünf bedeutendsten

Universitäten der Welt die von Köln als Hauptvertreterin der Theologie bezeichnet, so trifft er damit weder für seine noch für 124 die frühere Zeit das Richtige. Hier stand, vor allem in den ersten Jahrzehnten, auch das Studium des bürgerlichen und des kanonischen Rechtes in hoher Blüthe und noch in den Tagen eines unleugbaren Niederganges haben doch gerade kölnische Gelehrte an der Erneuerung der juristischen Wissenschaft hervorragenden 125 Antheil gehabt. Nicht minder hat die Fakultät der Artisten bei der Erörterung aller Fragen, welche die Philosophie des späteren Mittelalters beschäftigten, ihr Ansehen zur Geltung gebracht, vor allem schon bald nach der Gründung in dem Kampfe der Buri- 126 danisten gegen die scholastische Behandlungsweise des Aristoteles. Nur die Medizin scheint zurückgestanden zu haben, doch ist eine verhältnissmässig frühzeitige Begünstigung anatomischer Studien auch für sie bemerkenswerth und ebenso verdient es Beachtung, dass die Vertreter der ärztlichen Wissenschaft an der Hochschule durch die Stadt mit dem Aufsichtsrechte über die öffentliche Gesundheitspflege, über die niedere Chirurgie und über das Apo- 127 thekenwesen betraut waren.

Unter grossen Mühseligkeiten und Gefahren hatte jetzt der neue Rath das Erbe der Geschlechterherrschaft zu schirmen und zu pflegen. Schon die Behauptung der Gewalt im Inneren erforderte ebenso viel Festigkeit als wachsame Vorsicht, denn die Menge, einmal in Gährung gebracht und durch den Erfolg zum Bewusstsein ihrer Kraft gelangt, ertrug auch die Herren ihrer 128 eigenen Wahl nicht immer mit Geduld. Aerger lagen die Dinge jenseits der Ringmauern: Jahrzehnte lang verwickelten die ausgewiesenen Patrizier ihre Vaterstadt in Kämpfe mit Fürsten und Herren, die Raublust des Adels gefährdete Tag um Tag den kaufmännischen Verkehr, die alten Misshelligkeiten mit dem Erzbischofe lebten wieder auf, die steigende Noth und Verwirrung im 129 Reiche brachte vor allem den Städten vielfache Bedrängniss. In diesen schlimmen Zeiten überwand der Rath gar manche bedenkliche Lage durch die staatsmännische Gewandtheit seiner obersten Schreiber. Bereits ehedem hatten sich unter ihnen Männer befunden wie Gottfried Hagen, der getreue Sänger seiner aristokratischen Herren, zumeist aber war man in wichtigeren Fragen auf 130 die gelegentlichen Dienste fremder Juristen beschränkt geblieben: jetzt, nach der Begründung der Universität, wurden die tüchtigsten unter den Kennern des weltlichen und kirchlichen Rechtes zu dem bedeutungsvollen Amte berufen und die kölnischen Sachwalter, ein Johann von Neuenstein, Johann von Stommeln, Heinrich Frunt, genossen verdientes Ansehen am kaiserlichen Hofe wie in Rom. 131

Den stärksten Schutz in allen äusseren Fährlichkeiten gewann die Stadt an dem festen Zusammenhalte, den der Verbundbrief zwischen Rath und Gemeinde geschaffen hatte. Gleich zu Beginn des fünfzehnten Jahrhunderts bewährte sich der Segen dieser verfassungsmässigen Einigkeit in der Fehde mit Adolf von Ravensberg. Heftigere Angriffe hatte sie während der langen, 132 stürmischen Regierungszeit des Erzbischofs Dietrich von Moers zu bestehen. Wenige Jahre nachdem dieser ruhelose, hochstrebende Fürst das Erzstift seinem Mitbewerber entrungen hatte, stand er schon in Waffen gegen die Bürger von Köln, um die Anerkennung vergessener Hoheitsrechte zu erzwingen, allein er stiess auf entschlossenen Widerstand, und die Sühne vom 20. Mai 1419 bedeutete für ihn keinen Erfolg. Nicht lange danach entbrannte neuer Zwist, 133 der mit einer gleichen Niederlage für den Erzbischof enden sollte. In einem besonderen Falle hatte Dietrich die Rechte der Stadt gegenüber der jüdischen Gemeinde verletzt und des erwünschten Anlasses bediente sich nun der Rath, um vom 1. Oktober 1424 ab den Jiden für alle Folgezeit den Aufenthalt in Köln zu untersagen; er wies vor Kirche und Reich auf ihren gottlosen Wucher hin, der die Christen in Armuth bringe, er führte selbst die Heiligkeit der Stadt ins Feld, deren mit Märtyrerblut getränkter Boden von unheiligen Füssen nicht berührt werden dürfe, und so musste sich am 12. Dezember desselben Jahres der Erzbischof mit jenem Verbote einverstanden erklären, das denn auch in der That bis zu der Zeiten der französischen Revolution seine Geltung behalten hat. Vergebens bemühte sich Dietrich zwei Jahrzehnte 134 später um die Hilfe seiner Bürgerschaft in den Wirren der Soester Fehde: sie verharrte bedächtig in ihrer Zurückhaltung, verweigerte aber auch der städtischen Bewegung, welche sicherlich insgeheim ihre Theilnahme besass, jede Art der Unterstützung, denn sie fand ihren Nutzen bei keiner der Parteien. 135

Verhängnissvoll erwies sich oftmals diese thatenlose, opferscheue Sorge um den eigenen Vortheil in den grossen Drangsalen des Reiches und der Kirche. Selbst die entsetzliche Gefahr der Hussitenkriege erregt nur vorübergehend die Bereitwilligkeit zur Abwehr und nichts ist so bezeichnend für den Mangel ritterlichen Sinnes unter den neuen Herren, als dass jetzt bei der Führung der

städtischen Hilfsmannschaft die Träger der alten patrizischen
136 Namen wieder zu Ehren gebracht werden mussten. Die schmach-
vollen Niederlagen von Saaz und Mies zu verhüten, hat Köln so
wenig eine Hand gerührt, als irgend eine andere Stadt des Reiches.
Noch weniger vermochte der Sieg des Halbmondes über Kon-
stantinopel und die Gefährdung des Christenthumes in den Donau-
ländern thatkräftiges Mitleid am fernen Rheine wachzurufen. Wohl
erschütterte die Schreckenskunde auch in Köln alle Gemüther,
aber vergebens schilderten Nikolaus V., Kalixt III., Pius II. in
düsteren Farben die Greuelthaten der osmanischen Horden, vergebens flehte Friedrich III., dieses Mal aufgerüttelt aus seiner
Trägheit, mit beweglichen Worten immer wieder um Hilfe gegen
die Ungläubigen: den Päpsten antwortete die „heilige" Stadt
zumeist mit der fruchtlosen Betheuerung ihrer unverbrüchlichen
Glaubenstreue, den Kaiser ermahnte sie gar, seiner Pflichten als
Schirmherr des inneren Friedens vor allem eingedenk zu bleiben,
und selten genug mögen kölnische Söldner auf den Sammelplätzen
137 des Reichsheeres wirklich erschienen sein. Selbst wenn es galt, die
eigene Sicherheit und den gewinnbringenden Verkehr zu schützen,
suchte man eher den Weg langwieriger Verhandlungen als eine
rasche Entscheidung durch das Schwert. Jahre hindurch musste der
niederrheinische Handel schwere Schädigung durch den geldrischen
Erbfolgekrieg erfahren, bevor der Rath im Juni 1433 sich ent-
schloss, dem Herzoge von Berg mit Heeresmacht wirksamen Zuzug
138 wider Arnold von Egmond zu leisten. Und da ein Jahrzehnt her-
nach die räuberischen Schaaren der Armagnaken von Basel ab-
wärts die Rheinlande überflutheten, dachte man gleichfalls nicht
früher auf Rüstung und Abwehr, als bis das Schreckniss in der
139 Nähe drohte. Sogar in dem Widerstande gegen die stets ärger
werdenden Uebergriffe der westfälischen Freigerichte zeigte diese
mächtigste Stadt des Westens, neben der auch anderswo hervor-
tretenden Unklarheit über Wesen und Berechtigung der Feme, eine
140 fast schmachvolle Zaghaftigkeit.

Nur in dem einzigen Kampfe, der in jenen Tagen selbstsüch-
tiger Zerfahrenheit noch einmal von allen Gliedern des Reiches als
gemeinsame Sache des Vaterlandes aufgenommen wurde, bewies
auch Köln wahrhaften Eifer und kriegerischen Muth.

Karl der Kühne von Burgund hatte in den heftigen Streit,
der zwischen dem Erzbischofe Ruprecht von Köln und dessen
Ständen entbrannt war, mit rascher Bereitwilligkeit eingegriffen.

Konnte doch, nachdem er soeben Geldern erworben hatte, seiner
Ländergier kein besserer Anlass werden, nun auch in den süd-
licheren Gebieten am Niederrheine festen Fuss zu gewinnen. Mit
einem starken, wohlgeschulten Heere kam er Ruprecht zu Hilfe,
in der klar ausgesprochenen Absicht, nicht nur die Stiftsgüter ihm
zu unterwerfen, sondern auch die freie Stadt Köln unter die erzbischöfliche Hoheit zurückzuführen. Als er im Juli 1474 Neuss an 141
der Erft, das Vorwerk der rheinischen Hauptstadt, zu belagern
anfing, erkannte bald ganz Deutschland die Grösse der Gefahr.
In den Städten besonders stand noch vor aller Augen das entsetzliche Schicksal, welches der bürgerfeindliche Herzog im Herbste
1468 den Lüttichern bereitet hatte. Auch der Erniedrigung, die
kurz vorher das stolze Mainz erfahren gemusst, mochte man sich wieder erinnern und was vielleicht der Vaterlandsliebe nicht gelungen
wäre, vollbrachte die Angst vor schlimmer Vergewaltigung. Eil- 142
fertiger als sonst bildete sich jetzt ein ansehnliches Reichsheer,
indessen die Belagerten unter der Führung des Landgrafen Hermann von Hessen mühseligen Widerstand leisteten. Die Kölner
aber verstärkten ihre Festungswerke, legten Klostergebäude nieder,
welche, dicht vor ihren Mauern, dem Feinde hätten Deckung gewähren können, und sandten endlich die Zünfte in Wehr und
Waffen, ein rechtes Bürgerheer, den Bedrängten zum Entsatz. 143
Nicht ganz ohne Murren und Ungeduld trug der ehrsame Hand-
werksmann die Lasten des Krieges, allein nach dem Abzuge des
Burgunders konnte doch der Kaiser mit gutem Rechte seiner ge-
treuen Stadt Köln für ihre tapfere Entschlossenheit und für den gewaltigen Kostenaufwand bei ihren Rüstungen sich ebenso zum Danke
verpflichtet halten, wie den heidenmüthigen Vertheidigern von
Neuss. Zum Lohne gewährte er ihr neben dem Münzrechte den 144
Ertrag eines neu geschaffenen Rheinzolles, ein Geschenk allerdings
von kurzer Dauer und von zweifelhaftem Werthe, beeinträchtigt
durch die eigenen Ansprüche des immer geldbedürftigen Herrschers, bestritten durch die Eifersucht der rheinischen Kurfürsten
und anderer Nachbarn, unvermögend jedenfalls, die bedrängte Lage
der Stadt auf lange Zeit zu heben.   145

Es war mancherlei zusammengekommen, um den öffentlichen Wohlstand in Köln zu schädigen. Von Anfang an hatte das demokratische
Regiment in seinen zahllosen Fehden grosse Opfer bringen müssen;
die Unkosten der Reichskriege traten hinzu; gewaltige Prachtbauten
aus städtischen Mitteln wurden aufgeführt; am verderblichsten aber 146

wirkte ein schweres Zerwürfniss mit der Hanse, zu dem das selbständige Verhalten der Stadt im Verkehre mit England den An-
147 lass geboten hatte.

Der Anschein wirthschaftlichen Niederganges förderte leicht alle
Regungen der Unzufriedenheit in den Massen. Zuerst kam es gegen
Ende des Jahres 1481 in den Zunfthäusern zu offenem Aufruhr. Allein
nur kurze Zeit währte die Herrschaft der Empörer und schon zu
Beginn des neuen Jahres vermochte der Rath, wenngleich nicht
ohne blutige Härte, die im Verbundbriefe begründete Verfassung
148 wieder herzustellen. Wie wenig aber damit die Ursachen des Miss-
behagens im Volke hinweggeräumt waren, erwies sich bereits ein
Menschenalter nachher in einem ungleich gewaltthätigeren Aufstande. Im Dezember 1512 empörte sich aus ursprünglich gering-
fügigem Anlasse die Zunft der Steinmetzen gegen die Sicherheits-
beamten des Rathes: übel angewandte Strenge brachte rasch wieder
alles in Gährung, alte Klagen, alte Forderungen wurden laut, die
Handwerksleute griffen zu den Waffen und befanden binnen kurzer
Frist sich abermals im Besitze der Macht. Jetzt behaupteten die
149 Zünfte sich ihrerseits mit schonungsloser Energie. In Gemeinschaft
mit dem neu gewählten Rathe schufen sie dann am 15. Dezember
1513 in dem „Transfixbriefe" eine Ergänzung zu dem Grundge-
setze von 1396, durch welche die bürgerliche Freiheit noch stär-
kere Sicherheiten erhielt: die Verwaltung des öffentlichen Vermögens wurde einer sorgfältigeren Aufsicht unterworfen, auf die
Rechtsprechung des Rathes gewann die allgemeine Vertretung der
Bürgerschaft erhöhten Einfluss, auch die Unantastbarkeit der Per-
son vor erbrachtem Schuldbeweise durfte als eine Errungenschaft
150 der siegreichen Erhebung gelten.

So hatten die Grundlagen der demokratischen Verfassung
sich neu befestigt, und noch einmal stand die ehrwürdige Stadt
mit ungebrochener Kraft im Anbeginne einer vielfach und mächtig
erregten Zeit.

Das abgelaufene Jahrhundert war nicht erfüllt gewesen von
grossen Entwicklungen und augenfälligen Erfolgen. Aeussere Drang-
sal in Fülle hatte auch Köln ertragen gemusst, mancher Glanz war
erblichen, manche Formen des öffentlichen Lebens hatten sich als
veraltet erwiesen. Aber nicht mit Unrecht hat man die Tage nach
den grossen wirthschaftlichen und politischen Umwälzungen des
dreizehnten und vierzehnten Jahrhunderts eine Zeit des Gleichge-
151 wichtes genannt. Während die ärgste Noth auf Vaterland und

Kirche lastete, gelangte jetzt der unerschöpfliche Reichthum deutschen Wesens vor allem in den Städten zu ruhiger Entfaltung.
Dem Handel waren neue Bahnen aufgethan und noch vor der Wende des
Mittelalters begannen hier am Rheine bereits, wie im Süden Deutschlands, neue Kaufmannsgeschlechter ihren Blick nach den Küsten des
erschlossenen Weltmeeres zu lenken. Der Gewinn, welchen der er- 152
weiterte Verkehr ihnen eintrug, half den Ruhm der Vaterstadt
vermehren. Frommer Opfersinn erhielt und förderte nach über-
lieferter Sitte den künstlerischen Schmuck der zahllosen Kirchen, Kapellen und Klöster. Allein auch das bürgerliche Köln 153
zierte sich mit Bauwerken von seltener Schönheit und Grösse: in
den ersten Jahrzehnten der demokratischen Herrschaft wurde der
prächtige Thurm des Rathhauses und das gewaltige Tanzhaus
Gürzenich aufgeführt. Um die gleiche Zeit gedieh eine andere 154
Blüthe deutscher Kunst in dieser Stadt zur höchsten Vollendung.
Noch aus den letzten Tagen des Geschlechterregiments ragt Meister Wilhelm herüber, „der beste Maler in deutschen Landen“,
Stephan Lochner aber schuf seine unvergleichliche Darstellung der
Kölner Stadtpatrone bereits im Auftrage des zünftlerischen Rathes. 155
Die Pflege der Wissenschaften hatte ihren natürlichen Mittelpunkt in
der Universität gewonnen. Von ihr ging auch die ungemeine För-
derung aus, welche die Buchdruckerkunst schon bald nach der
Mitte des Jahrhunderts in Köln erfuhr: die älteren Erzeugnisse der
heimischen Presse sind fast ausnahmslos Werke theologischer und
juristischer Gelehrsamkeit.   156
   Es kann nicht Wunder nehmen, wenn die Bedeutung und das
Ansehen dieser Stadt ihre Söhne mit Stolz erfüllte. Rheinische
Pilger, welche die volksbelebten Emporien des Morgenlandes zu
schildern suchen, wählen den Glanz und die Grösse Kölns zum
Massstabe. Die heimischen Dichter und Schriftsteller prei- 157
sen begeistert die ruhmwürdige Stätte, mit der kaum Venedig, Paris und Rom sich zu messen vermögen. Bald beginnt 158
auch die vervielfältigende Kunst das prunkvolle Gemälde zu
verherrlichen und schwerlich kommt unter den zahllosen Ansichten
deutscher Städte, die seit dem Erscheinen der ersten Bilderchro-
niken zur Verbreitung gelangten, auch nur eine dem grossartigen
Holzschnitte gleich, auf dem Anton von Worms das thurmreiche
Köln von der Rheinseite dargestellt hat. Das unbefangenste Zeug- 159
niss aber geben die Lobsprüche der italienischen Humanisten,
welche hier, im Lande der nordischen Barbaren, durch Reichthum

und feine Sitte, durch künstlerischen Sinn und geistige Bildung
160 sich überrascht fanden.

Neben der Freude an einer vielgestaltigen Gegenwart regte
sich das Verständniss für die grosse Vergangenheit der Heimath,
um gleich in den ersten Versuchen volksthümlicher Geschichtschreibung Früchte von bleibendem Werthe zu zeitigen, denn die „Cronica van der hilliger stat Coellen" darf als eine der bedeutendsten
161 schriftstellerischen Leistungen im Ausgange des Mittelalters gelten.
Dieser historischen Thätigkeit nahe verwandt erscheint das Bestreben, die alten Satzungen und Gewohnheiten der städtischen
Gerichte aufzuzeichnen; ihm verdanken wir die Statutensammlung
vom Jahre 1437, ein Werk, in welchem allerdings die weitbe-
rühmte vorbildliche Bedeutung des kölnischen Rechtes nicht zu erkennen ist, das aber doch manchen eigenartigen Zug besitzt und selbst
162 des poetischen Reizes ländlicher Weisthümer nicht ganz entbehrt.

Das Treiben der Menge auf Gassen und Märkten, in den
Zunfthäusern und Schenken, bei Festlichkeiten und in den Tagen
öffentlicher Bedrängniss lässt überall grossstädtisches Wesen erkennen. Der nüchterne Sinn einer vorwiegend kaufmännischen Bevölkerung gelangt nirgends zu ausschliesslicher Geltung: alle Kreise
beherrscht ein köstlicher, oftmals wehmüthiger Humor. Er offen-
bart sich in den Versen, mit denen die Schreiber eines ehrsamen
Rathes die Entwürfe ihrer amtlichen Schriftstücke bedecken, in den
Gefühlsergüssen der Briefe, welche jetzt immer weiteren Kreisen ver-
163 traut werden, nicht selten sogar in Klageschriften und Bittgesuchen.

Diesem bunten Leben fehlte keineswegs ein tiefer Ernst.
Wohl haben auch hier nicht immer alle Zustände dem Ehrentitel
einer „heiligen Stadt" entsprochen, allein die religiöse Gesinnung wurzelte tief im Volke und je mehr sie das ganze Denken
und Empfinden durchdrang, um so stärker musste das Verlangen
sich kundgeben, die äussere Gestalt der Kirche von den Entstellun-
gen zu befreien, welche vor allem das Erkalten des ursprünglichen
Eifers in den Klöstern, die entsittlichende Macht des Reichthums
und die verweltlichende Vorherrschaft des Adels in den grossen
Stiftern verursacht hatten. Deshalb gingen in Köln mehr als einmal von der Laienwelt denkwürdige Versuche aus, den christlichen Geist zu erneuern. Sie mussten jedoch unfruchtbar bleiben,
weil nur die kirchlichen Gewalten selbst eine Besserung herbeizu-
164 führen fähig und berufen waren. Von dieser richtigen Erkenntniss
zeigte sich der städtische Rath geleitet, wenn er allen unter dem

Ansehen der Kirche auftretenden Reformbestrebungen, aber auch nur diesen, sich förderlich erwies: ganz besonders hatten die Brüder vom gemeinsamen Leben und die Benediktiner aus der Kongregation von Bursfeld sich seiner Gunst zu erfreuen. Mit den grössten Hoffnungen jedoch mögen von der gesammten Bürgerschaft die Konzilien des fünfzehnten Jahrhunderts begrüsst worden sein und mit arger Enttäuschung hat man sicherlich in Köln vor allem ihre geringen Erfolge wahrgenommen. 165 166

Den stärksten Halt in den Glaubenswirren der nächsten Zeit gewährte der Stadt ihre Hochschule. An ihr hatte niemals der kirchenfeindliche Humanismus eine rechte Stätte gefunden, von hier aus hauptsächlich war der Streit gegen Reuchlin geführt worden, hier lehrten gerade im Beginne der Reformationszeit Johannes Cochlaeus, Ortwin Gratius, Arnold von Tongern, Jakob Hoogstraten. Indem der Rath diesen Vertretern der rechtgläubigen Theologie sich anschloss, stand er zur Abwehr bereit, als die neuen Lehren von Wittenberg, Zürich und Genf auf ihrer raschen Wanderung auch Köln erreichten. Wie er ehedem ausgesprochen hatte, dass diese mit Märtyrerblut getränkte Erde von unreinen Füssen nicht entweiht werden dürfe, so betonte er jetzt mit Entschiedenheit die katholischen Ueberlieferungen der Stadt und erklärte sich entschlossen, von der alten Treue gegen Rom nicht abzulassen. 167

Diese Stellungnahme der bürgerlichen Regierungsgewalt vermochte die Verbreitung reformatorischer Anschauungen im Volke und selbst in der Geistlichkeit nicht völlig zu hemmen. Erlebte doch die heilige Stadt im Jahre des grossen Bauernkrieges einen Aufstand mit kommunistischen Bestrebungen, der vor allem gegen die Reichthümer der kirchlichen Anstalten gerichtet war. Und wenn auch damals die Rädelsführer des verunglückten Unternehmens ein blutiges Ende fanden, wenn gar andere den Abfall vom alten Bekenntnisse mit dem Tode büssen mussten, so gewann gleichwohl die Neuerung um so beträchtlicher an Boden, als wiederholt sogar die Inhaber des Erzstuhles ihr zuneigten. Die Gefahr für den Fortbestand des Katholizismus erhöhte sich, seitdem zahllose Flüchtlinge aus den Niederlanden hinter den Mauern Kölns vor der spanischen Herrschaft sich zu bergen suchten und hier, wie aller Orten im Erzstifte, protestantische Gemeinden gründeten. 168 169 170 171

Allein nicht vergebens hatte Karl V., da er die Krone niederzulegen im Begriffe stand, den Rath von Köln noch einmal mit ergreifenden Worten zur Treue gegen die Kirche ermahnt: die 172

heilige Stadt blieb durch alle Wirren und Drangsale hindurch eine
173 Hochburg des alten Glaubens. Inzwischen kam jene katholische
Reformation, welche im Konzil von Trient ihren Abschluss fand,
zunächst durch Johannes Gropper, dann durch Petrus Canisius aus
174 der Gesellschaft Jesu auch hier zur vollen Geltung.

Am Ende blieben dennoch die Greuel eines Krieges, wie er
die vereinigten Provinzen verwüstete, dem kölnischen Lande nicht
erspart. Vom Februar 1583 ab währte mehr denn fünf Jahre lang
das blutige Ringen zwischen dem zum Protestantismus übergetre-
tenen Erzbischofe Gebhard Truchsess und seinem Nachfolger Ernst
von Bayern. Die reichen Gefilde am Niederrhein liess der unselige
Streit verödet, das Volk verwildert zurück. Die Hauptstadt selber
hatte sich, des Ausganges harrend, vom Kampfe ferngehalten, allein
175 nur mühsam vermochte sie jetzt das frühere Ansehen zu behaupten.

Die Zeit des Nieberganges freilich war für sie noch nicht
gekommen. Immer noch regte sich in ihr der alte Gewerbefleiss.
Den Handelsverkehr hatte auch die Auffindung der grossen See-
wege nicht beeinträchtigen können, ja, so zahlreiche Strassen tra-
fen sich hier, dass selbst dem scharf beobachtenden Auge eines
weitgereisten Niederländers in Köln der Sammelpunkt für Nach-
176 richten vom ganzen Erdkreise zu liegen schien. Die Universität
hatte von ihrer früheren Bedeutung viel verloren, nichtsdestoweni-
ger erwarb sie sich gerade in dieser Zeit um die Wiedergeburt der
Rechtswissenschaft ebenso grosse Verdienste als um die Pflege
177 der Theologie. Auch der Rath wandte der Gelehrtenwelt immer-
fort seine Theilnahme zu und gar manche Arbeiten fanden bei ihm
grossmüthige Unterstützung. Vor allem waren es, der Neigung
jener Tage entsprechend, Geographen und Mathematiker, welche
den Vertretern der Stadt ihre Werke zum Geschenke darbrachten,
178 niemals, ohne eine reichliche Ehrengabe zurückzuempfangen.

Das häusliche Leben der vornehmen Stände bekundete be-
häbigen Reichthum, wenn es auch niemals jenen Glanz erstrebte,
mit welchem die Handelsfürsten von Augsburg und Nürnberg sich
179 zu umgeben vermochten. Die Noth aber, von der die Volksmassen
der Grossstadt nicht verschont bleiben konnten, linderte der rege
180 Wetteifer christlicher Liebesthätigkeit.

Es muss immer wieder in Erstaunen setzen, dieses Gemein-
wesen voll Lebenskraft fast plötzlich abgewelkt zu sehen. Seit dem
Jahrhunderte des grossen Krieges erscheint die heilige Stadt ihrer
Vorherrschaft im Reiche beraubt, der Handel hat andere Bahnen

aufgesucht, ihre Hochschule vermag ihr an den geistigen Bewegungen der Zeit kaum einen Antheil zu vermitteln. Die kirchliche Würde allein ist ihr verblieben, aber auch diese des echten Glanzes verlustig gegangen unter weltlich gesinnten Inhabern des Erzstuhles.

Wohl lag noch um die Wende der Neuzeit „unter allen Städten am Rhein keine so üppig hingegossen, so mit unzähligen Thürmen prangend da", allein den Rahmen dieser Grossstadt erfüllte nur klein- 181 bürgerliches Wesen, genährt von ruhmvollen Erinnerungen, erregt dann und wann durch klägliche Zwiste mit dem geistlichen Oberherrn oder durch Misshelligkeiten zwischen Rath und Gemeinde : ein wenig erfreuliches Bild, wenn auch den Reiseberichten aus der Aufklärungs- 182 zeit nicht zu glauben ist, dass einzig hochmüthiger Krämergeist und arbeitsscheues Elend damals in Köln die Herrschaft besessen hätten. 183

Unter dem Anpralle der französischen Revolution brach der vermorschte Bau alsbald zusammen. Vergebens suchten wohlgesinnte Männer ihrer Heimath die alte Freiheit in neuen Formen zu bewahren: was die Eroberer aus den Trümmern schufen, war 184 weder fähig noch bestimmt zu selbständigem Dasein.

Die Beschlüsse des Wiener Kongresses endlich reihten Köln einem politischen Gefüge ein, in welchem der moderne Staatsgedanke die lebendigste Verkörperung gefunden hatte. Auf freie und eigenartige Entwicklung durfte die altersgraue Reichsstadt hier vollends nicht mehr hoffen. Von all ihren früheren Würden und Ehren empfing sie nur den Rang der kirchlichen Metropole zurück: die Universität blieb ihr genommen, zum Mittelpunkte 185 der Landesverwaltung ersah man ein kleineres und jüngeres Gemeinwesen. Nach Jahrzehnten jedoch hat gerade ihrer geschichtlichen Bedeutung, den gewaltigen Denkmalen ihrer ruhmreichen Vergangenheit, die Gunst des neuen Herrscherhauses sich zugewandt und heute mögen wiederum auf zahllose Bekundungen unversieglicher Lebensfülle die freudigsten Hoffnungen sich gründen für die Zukunft dieser zweitausendjährigen Stadt.

Anmerkungen.

Die folgenden Anmerkungen vermögen selbstredend trotz ihrer Zahl und ihrer grossen Ausführlichkeit den ganzen Reichthum an bedeutenden Quellen und Darstellungen zur kölnischen Geschichte auch nicht annähernd zu erschöpfen. Sie bieten aber, wie ich glauben darf, immerhin einige Fingerzeige zur selbständigen Forschung und gewähren vor allem die Möglichkeit, die kurzgefassten Angaben des Textes nachzuprüfen.

1) Die Altstadt Köln hatte einen Flächenraum von 401 ha, die Stadterweiterung brachte einen Zuwachs von 503 ha, die am 1. April 1888 einverleibten Gemeinden Rondorf, Efferen, Kriel, Müngersdorf, Ehrenfeld, Nippes, Longerich, Deutz und Poll umfassten insgesammt 9844 ha, so dass der erweiterte Stadtbezirk gegenwärtig etwa 107 qkm gross ist. Vgl. *Bericht üb. d. Stand u. d. Verwaltung der Gemeinde-Angelegenheiten d. Stadt Köln von 1887/88* (Köln 1889) S. 4.

2) Der Rheinverkehr belief sich im Jahre 1887 auf 8679 Fahrzeuge mit 8169173 Centnern Ladung, darunter drei Rhein-Seedampfer mit 186412 Centnern Ladung von, 359675 Centnern nach London, *a. a. O.* S. 20 ff.

3) „Do unse lieve frauwe geboren wart in der zit wart Coellen angehaven", sog. *Koelhoff'sche Chronik von 1499*, Chroniken der deutschen Städte Bd. 13 (Cöln 2) S. 285. Vgl. u. a. *Aeg. Gelenius*, De admiranda sacra et civili magnitudine Coloniae (Köln 1645) lib. 1 syntagma 1 p. 2 ff.; *Erh. a Winheim*, Sacrarium Agrippinae (Köln 1607, Neudruck 1736) p. 1.

4) *Aeg. Gelenius* a. a. O. lib. 1 synt. 3 p. 16 ff.

5) Ueber die Anfänge Kölns vgl. u. a. *Fr. Ritter*, Die Entstehung der drei ältesten Städte am Rhein oder Urgeschichte von Mainz, Bonn und Cöln (Bonn 1851); gegen die Darstellung *K. Hegel's* in der Einleitung zu den Chron. der St. Cöln Bd. 1 wendet sich *H. Düntzer*, Bonner Jahrbücher Bd. 57 (1876) S. 162 ff., und Monatsschrift f. d. Gesch. Westdeutschlands Bd. 4 (1877) S. 260 ff. Sehr beachtenswerth ist *H. Düntzer*, Der Umfang des ältesten römischen Köln, Westdeutsche Zeitschr. f. Gesch. u. Kunst Bd. 4 (Trier 1885) S. 23 ff., weniger zuverlässig *C. v. Veith*, Das Römische Köln. Nebst einem Plane der röm. Stadt mit Einzeichnung der bemerkenswerthesten Funde (Winckelmann-Progr., Bonn 1885). Zahlreiche Einzeluntersuchungen enthalten die provinzialgeschichtlichen Zeitschriften, besonders die *Jahrbücher des Vereins von Alterthumsfreunden im Rheinlande (Bonner Jahrbücher)*, die *Monatsschrift für rhein.-westfäl. Geschichtsforschung*, seit 1878 *Monatsschr. für die Gesch. Westdeutschlands*, seit 1881 *Westdeutsche Zeitschrift für Geschichte u. Kunst*, die *Annalen des histor. Vereins f. d. Niederrhein* u. a. — *K. Bone*, Das römische Castell in Deutz oder Deutz zur Zeit der Römer auf Grund der neuesten Entdeckungen u. Funde (Progr. des Apostel-Gymnas., Köln 1880).

6) *Tacit.*, Annal. 12 c. 27: „Forte acciderat, ut eam gentem Rheno transgressam . . Agrippa in fidem acciperet.". *Ders.*, Germania c. 28: „Ne Ubii quidem, quamquam Romana colonia esse meruerint ac libentius Agrippinenses conditoris sui nomine vocentur, origine erubescunt, transgressi olim

et experimento fidei super ipsam Rheni ripam collocati, ut arcerent, non ut custodirentur"; *Strabo*, Geogr. lib. 4 § 194: „*Μετὰ δὲ τοὺς Μεδιοματρικοὺς καὶ Τριβόκχους παροικοῦσι τὸν 'Ρῆνον Τριουάγροι . . πέραν δὲ ᾤκουν Οὔβιοι κατὰ τοῦτον τὸν τόπον οὓς μετήγαγεν 'Αγρίππας ἑκόντας εἰς τὴν ἐντὸς τοῦ 'Ρήνου.*" Vgl. *H. Schiller*, Gesch. d. röm. Kaiserzeit Bd. 1 (Gotha 1888) S. 210.

7) *Tacit.*, Annal. 12 c. 27: „Agrippina quo vim suam sociis quoque nationibus ostentaret, in oppidum Ubiorum, in quo genita erat, veteranos coloniamque deduci impetrat, cui nomen inditum e vocabulo ipsius." Vgl. u. a. *H. Düntzer*, Das Geburtsjahr u. der Geburtsort der jüngern Agrippina, Monatsschrift f. d. Gesch. Westdeutschlds. Bd. 6 (1879) S. 23 ff. Ueber die Ara Ubiorum ist viel geschrieben, vgl. *H. Aldenbrück*, De religione antiquorum Ubiorum (Köln 1749); *H. Düntzer*, Monatsschr. etc. Bd. 6 S. 455 ff. Bei *Tacit.*, Annal. 13 c. 57 verbindet sich mit den Nachrichten über die neugegründete Stadt die merkwürdige Erzählung von verwüstenden Feuerströmen im kölnischen Gebiete: „Civitas Ubiorum socia nobis malo inproviso adflicta est; nam ignes terra editi villas arva vicos passim corripiebant ferebanturque in ipsa conditae nuper coloniae moenia. Neque extingui poterant, non si imbres caderent, non fluvialibus aquis aut quo alio humore, donec inopia remediorum et ira cladis agrestes quidam eminus saxa iacere, dein resistentibus flammis propius suggressi ictu fustium aliisque verberibus ut feras absterrebant: postremo tegmina corpori derepta iniciunt, quanto magis profana et usu polluta, tanto magis oppressura ignes." — Der Name Agrippina erhielt sich lange. Noch im Jahre 745 spricht Papst Zacharias von der Stadt „quae nuper Agrippina vocabatur, nunc vero Colonia". Wie im späteren Mittelalter aus Colonia ein „colonus imperii", „der kölnische Bauer" hergeleitet worden ist, darüber vgl. *L. Korth*, Der kölnische Bauer und das Quaternionen-System, Mitthlgn. a. d. Stadtarchiv v. Köln Heft 14 (1888) S. 117 ff.

8) Nach *Tacit.*, Hist. 4 c. 64 richteten Gesandte der Tenkterer im Aufstande des Claudius Civilis an die Ubier das Verlangen: „Muros coloniae, munimenta servitii, detrahatis: etiam fera animalia, si clausa teneas, virtutis obliviscuntur; Romanos omnes in finibus vestris trucidetis: haud facile libertas et domini miscentur."

9) *Tacit.*, Hist. 4 c. 79.

10) Ueber die Erhebung des Vitellius im Jahre 69 vgl. *Th. Bergk*, Bonner Jahrbb. 58 (1875) S. 126 ff. Ueber Trajans kölnischen Aufenthalt im Januar 98 vgl. *J. Dierauer*, Beiträge zu einer krit. Gesch. Trajans, bei *M. Büdinger*, Untersuchungen z. röm. Kaisergesch. Bd. 1 (Leipzig 1868) S. 29 ff.; *H. Schiller*, Röm. Kaiserzeit Bd. 1 S. 543 ff. Victorinus wurde in Köln getödtet, vgl. *Eutrop.* l. 9 c. 9, Mon. Germ. Auct. antiqu. 2 ed. *H. Droysen* S. 154: „Victorinus vir strenuissimus sed cum nimiae libidinis esset et matrimonia aliena corrumperet, Agrippinae occisus est actuario quodam dolum machinante imperii sui anno secundo." Unter Probus suchten Proculus und Bonosus vergebens hier die Herrschaft zu erlangen, l. 9 c. 17, S. 160. Unter Konstantius fand Silvan in Köln den Tod durch Meuchelmord, vgl. *H. Düntzer*, Bonner Jahrbb. Bd. 8 (1846) S. 76 ff.; *H. Schiller*, a. a. O. Bd. 2 S. 305.

11) Fundberichte enthalten, abgesehen von den Tagesblättern, besonders

die *Bonner Jahrbücher* und in neuerer Zeit (seit 1881) die Korrespondenz-
blätter der *Westdeutsch. Zeitschr.* Die Inschriften sind gesammelt von *W. Bram-
bach*, Corpus Inscription. Rhenanar. (Elberfeld 1867) S. 79 ff. no. 309—445;
eine Neubearbeitung für das *Corpus Inscr. Lat.* bereitet *K. Zangemeister* vor.
Vgl. auch *H. Düntzer*, Verzeichniss der Röm. Alterthümer des Museums Wallraf-Richartz in Cöln (2. Aufl. Köln 1873). Beachtenswerth sind: *J. Nögge-
rath*, Ueber die Ursachen der Bodenerhöhung in den alten Römerstädten,
Bonner Jahrbb. Bd. 17 (1852) S. 151 ff.; *L. Ennen*, Röm. Baureste unter d.
Rathhause zu Köln, Bonner Jahrbb. Bd. 41 (1866) S. 60 ff.; *R. Voigtel* und *H.
Düntzer*, Die an der Ost- und Nordseite des Domes zu Köln entdeckten Reste
röm. und mittelalterl. Bauten, Bonner Jahrbb. Bd. 53/54 (1873) S. 199 ff.; *J. Schnei-
der*, Die Römerstrassen in der Umgebung von Köln u. Deutz, Monatsschr. f.
d. Gesch. Westdeutschlds. Bd. 7 (1881) S. 280, nicht zuverlässig; noch weniger
G. v. Hirschfeld, Der Rhein u. seine Ufer während der Römerherrschaft von
Köln bis Neuss, a. a. O. S. 400 ff.; *v. Veith*, Die Römerstrasse von Trier nach
Köln, Bonner Jahrbb. Bd. 78—82 (1884—86): *L. Schwörbel*, Zur Topographie
u. Gesch. v. Köln (u. a. über den merkwürdigen Kanal in der Budengasse),
Bonner Jahrbb. Bd. 82 (1886) S. 15 ff.; *F. Wolf*, Kastell Alteburg bei Köln.
Geschichtl. Denkmal d. ältest. Römerzeit am Rhein. M. 3 Tafeln (Köln 1889);
M. Mertz, Beitrag z. Feststellung der Lage u. jetzigen Beschaffenheit der
Römermauer zu Köln, m. Plan (Progr. d. Ober-Realschule zu Köln 1883);
über die Inschrift am Pfaffenthor s. *J. Kamp*, Bonner Jahrbb. Bd. 77 (1884)
S. 222.

12) Auch die Wasserleitung hat ihre Litteratur; ich nenne nur die
sehr genaue Untersuchung von *C. A. Eick*, Die röm. Wasserleitung aus der
Eifel nach Köln. Mit einer Karte (Bonn 1867); ferner *G. H. Chr. Maassen*,
Die röm. Staatsstrasse von Trier etc. und der Römerkanal am Vorgebirge,
Annalen des hist. Ver. f. d. Niederrh. 37 (1882) S. 1 ff.; *v. Veith*, Die Rö-
merstrasse von Trier nach Köln c. 3, Bonner Jahrbb. Bd. 80 (1885) S. 1 ff.:
gegen ihn *Maassen*, Bonner Jahrbb. Bd. 82 (1886) S. 194 ff. *Eick* weist S. 28
nach, dass der Kanal seine ersten Wasser in der Gemeinde Nettersheim am
Fusse des Rosenbusches schöpfte; die Erbauung verlegt er S. 170 ff. in die
Zeiten Trajans und Hadrians. *v. Veith* giebt eine gute Abbildung der Anfänge
des Kanals. Vgl. auch *R. Voigtel*, Römische Wasserleitung im Dome zu
Köln, Bonner Jahrbb. Bd. 82 (1886) S. 75 ff. Näheres über die auch im
Annoliede berührte Sage, welche den Kanal im Dome münden lässt, u. a. bei
A. Kaufmann, Quellenangaben u. Bemerkungen zu Karl Simrocks Rheinsagen
(Köln 1862) S. 24 f.

13) Die Konstantinsbrücke befand sich um das Jahr 310 im Bau nach
Panegyr. Constantin. 7 c. 11, 13 (bei *E. Baehrens*, XII panegyrici latini,
Leipzig 1874). Vgl. *E. Weyden*, Bonner Jahrbb. Bd. 7 (1845) S. 162 ff.;
C. Smeddinck, Die Constantinsbrücke zu Köln, Annalen d. hist. Ver. f. d. Nie-
derrh. Heft 1 (1855) S. 47 ff.; *L. Ennen*, Gesch. d. St. Köln Bd. 1, S. 85 ff.; *H. Düntzer*,
Die Römerbrücke zwischen Köln u. Deutz, Monatsschr. f. d. Gesch. West-
deutschlds. Bd. 7 (1881) S. 357 ff.; *F. Wolf*, Köln und seine Brücke in Römerzei-
ten (Bonn 1884); *E. Hübner*, Bonner Jahrbb. Bd. 80 (1885) S. 121 ff.; *H. Düntzer*,

Köln u. seine Römerbrücke, *das.* Bd. 81 (1886) S. 7 ff. Die örtlichen Untersuchungen sind bis jetzt ziemlich ergebnisslos gewesen. Angeblich hat Erzbischof Bruno I. die Steine der Brücke zum Bau von St. Pantaleon verwendet.

14) Eine gute Darstellung der geographischen Lage Kölns giebt schon *J. J. Günther*, Einige vorläufige Bemerkungen über Köln u. seine Bewohner in medizinisch-physikalischer Hinsicht (Köln 1824) S. 9 ff.; *derselbe*, Versuch einer medicin. Topographie von Köln am Rhein (Berlin 1833); hauptsächlich kommt in Betracht: *J. G. Kohl*, Der Rhein Bd. 2 (Leipzig 1851) S. 151 ff., bes. 163 ff.; ferner *B. Schilling*, Die territoriale Entwicklung Kölns, Vortrag, Köln. Volksztg. 1883 no. 249—51; *H. v. Dechen*, Erläuterungen der geolog. Karte der Rheinprovinz u. der Provinz Westfalen Bd. 1 (Bonn 1870) S. 521 ff. Bd. 2 (das. 1884) S. 588 ff. Allgemeine Gesichtspunkte bei *Asch van Wyck*, Geschiedkundige beschouwing van het oude handelsverkeer der stad Utrecht (Utrecht 1838) S. 27 ff.; *J. G. Kohl*, Die natürl. Lockmittel des Völkerverkehrs (Abhdlgn. hrsg. v. Naturwissensch. Vereine zu Bremen, 5. Bd. 1877) S. 193 ff. — Die *Laudes Coloniae* aus dem Anfange des 15. Jhdts., bei *Böhmer-Huber*, Fontes rer. Germ. Bd. 4 S. 464, rühmen: „Montibus et collibus de te ad duas vel tres leucas remotis circumcincta es et cooperta." Die „grosse Rheininsel" hält *H. Düntzer* für eine Erfindung *Ennen's*, Monatsschrift f. d. Gesch. Westdeutschlds. Bd. 4 (1877) S. 263 ff.

15) *Salvianus*, De gubernatione Dei lib. 6 c. 8 § 39 ff. (ed. *C. Halm* Mon. Germ. SS. Auct. ant. I) sagt in seiner berühmten Schilderung des Sittenverfalles in den Grenzstädten Galliens: „Non enim hoc agitur iam in Mogontiacensium civitate, sed quia excisa atque deleta est: non agitur Agrippinae, sed quia hostibus plena: non agitur Treverorum urbe excellentissima sed quia quadruplici est eversione prostrata"; Köln ist also hier vom Feinde besetzt, nicht, wie Mainz und Trier, nach Gegenwehr in Trümmern. *Daselbst* c. 13 § 77 heisst es von Köln nach einer Schilderung der Zustände in Trier: „Quid in alia non longe sed prope eiusdem magnificentiae civitate? . . Ad hoc postremo rabida vini aviditate perventum est, ut principes urbis ne tunc quidem de conviviis surgerent, cum iam urbem hostis intraret." Ueber die Einnahme Kölns durch die Franken und die Wiedereroberung durch Kaiser Julian vgl. *Ammian. Marcellin.* (ed. V. Gardthausen, Leipzig 1874 ff.) lib. 15 c. 8 § 19 und lib. 16 c. 3 § 1 ff., dazu *H. Schiller*, Gesch. d. röm. Kaiserzeit Bd. 2 (Gotha 1887) S. 309 ff. — Bei Köln ging auch Arbogast über den Rhein, als er i. J. 392 gegen die Brukterer zog, s. *E. v. Wietersheim* u. *F. Dahn*, Gesch. d. Völkerwanderung Bd. 2 (2. Aufl. Leipzig 1881) S. 85 ff.

16) Ueber das Martyrium der Thebäischen Legion vgl. neben den allgemeinen kirchengeschichtlichen Darstellungen *J. W. J. Braun*, Zur Gesch. d. Thebaischen Legion (Winckelmann-Progr., Bonn 1855) und die sorgfältige Untersuchung von *St. Beissel*, Gesch. der Trierer Kirchen. ihrer Reliquien und Kunstschätze (Trier 1889) S. 16 ff. Sehr bemerkenswerth ist ein jetzt im Kölner Stadtarchiv beruhendes Protokoll, in welchem Erzbischof Heinrich II. im Sommer 1329 den damaligen Befund der Ueberlieferung über den heil. Gereon und seine Genossen feststellen liess. Es wurden zahlreiche

kölnische Stiftsherren und Prälaten verhört, welche fast übereinstimmend aussagten: „quod eo nomine [ecclesia s. Gereonis] a fidelibus visitetur, tamquam dicti martires ibidem et in locis circumiacentibus martirizati fuerint et quod reliquie ipsorum reputentur communiter ab omnibus requiescere in ecclesia memorata et quod appareant ibidem multe reliquieque ipsorum esse narrantur"; wiederholt wird auch bezeugt „quod ecclesia s. Gereonis quam Huni destruxerant, cooperta fuit tecto sic artificialiter facto quod splendebat ut aurum et propter hoc tunc ad Aureos Martires vocabatur". Dieses merkwürdige Aktenstück ist bereits benutzt in einer mir jetzt nicht zugänglichen Monographie des 17. Jahrhunderts: *Descriptio immunitatum illustris collegii s. Gereonis Coloniae.*

17) Aus den sehr zahlreichen Schriften über St. Ursula und ihre Gesellschaft nenne ich nur das immer noch werthvolle Werk des Jesuiten *H. Crombach*, Vita et martyrium s. Ursulae et sociarum undecim millium virginum [S. Ursula vindicata] (Köln 1647) 2 Bde. fol. und *desselben* Auctarium sive liber duodecimus s. Ursulae vindicatae (Köln 1669), ferner *E. v. Winheim*, Sacrarium Agrippinae S. 62 ff.; aus neuerer Zeit die verunglückte mythologische Deutung von *O. Schade*, Die Sage von der h. Ursula u. den elftausend Jungfrauen. Ein Beitrag z. Sagenforschung (Hannover 1854); *J. H. Kessel*, St. Ursula und ihre Gesellschaft (Köln 1863), eine Vertheidigung der Ueberlieferung in ihrem vollen Umfange; *A. G. Stein*, Die heil. Ursula und ihre Gesellschaft, Annalen des hist. Ver. f. d. Niederrh. Bd. 26/27 S. 116 ff., auch besonders (Köln 1879), mit sorgfältigen Untersuchungen über die Clematianische Inschrift; dagegen *H. Düntzer*, Monatsschr. f. d. Gesch. Westdeutschlds. Bd. 6 (1879) S. 47 ff.; *P. Joerres*, Bonner Jahrbb. Bd. 87 (1889), S. 192 ff. Die schöne Legende hat wegen ihrer Ergiebigkeit an Gruppen auch die bildende Kunst viel beschäftigt; darüber vgl. u. a. [*N.*], Ursula, princesse Britannique, d'après la légende et les peintures d'Hemling par un ami des lettres et des arts (Gand 1818); *F. Kellerhoven*, La légende de Ste. Ursule et de ses onze mille vierges d'après les tableaux de l'église Sainte Ursule à Cologne. Reproduits en chromolithogr. Texte par J. B. Dutron (Paris [1863]).

18) Ueber St. Maternus vgl. u. a. *F. W. Rettberg*, Kirchengeschichte Deutschlands Bd. 1 (Göttingen 1846) S. 79 ff.; dagegen *J. Friedrich*, Kirchengesch. Deutschlands Bd. 1 (Bamberg 1867) S. 86 ff.; *H. Hauck*, Kirchengesch. Deutschlands Bd. 1 (Leipzig 1887) S. 42; *W. Kleinen*, Die Einführung des Christenthums in Köln u. Umgegend (2 Theile, Progr. d. Ober-Realschule zu Köln 1888 u. 1889); zur Legende vom Stabe des h. Maternus neuerdings *H. V. Sauerland*, Trierer Geschichtsquellen des XI. Jahrhunderts (Trier 1889) S. 92 ff. Von älteren Abhandlungen verdienen Erwähnung: *J. Hartzheim*, De initio metropoleos ecclesiasticae Coloniae Claud. Aug. Agrippinae (Köln 1731); der Vf. entscheidet sich hier, wie in den beiden 1732 erschienenen Disquisition. hist. canon. und critic., für den Archiepiskopat des heil. Maternus; *Mastiaux*, De veterum Ripuariorum et praecipue eorum metropolis Coloniae statu civili et eccles. a prima gentis orig. ad a. 752 (Bonner Diss. 1784); *H. B. v. Blum*, Die Lage der Kölner Kirche in d. ersten Jahrhdtn. ihrer Entstehung bis auf die Regierung des Erzbischofs Hildebold i. J. 782 (Bonn 1788).

19) Ueber die vielbesprochene Synode des Jahres 346 vgl. neuerdings *Ambr. Söder* in den Studien u. Mittheilungen a. d. Benedict. u. Cisterz.-Orden Bd. 4, I (Raigern 1883) S. 295 ff. und II S. 67 ff., S. 344 ff.; der Verfasser scheint bewiesen zu haben, dass das er ste concilium Germaniae, auf welchem Euphrates von Köln wegen Photinianismus abgesetzt wurde, spätestens im Frühling 346 zu Mainz, das z we i te, auf dem das Urtheil bestätigt wurde, am 12. Mai 346 zu K ö l n stattfand. Einiges über die frühere Kontroverslitteratur bei *K. Hegel*, Chroniken d. deutsch. Städte (Cöln, Bd. 1) S. IV Anm. 6.

20) *E. Loening*, Das Kirchenrecht im Reiche der Merovinger (Gesch. d. deutsch. Kirchenrechts Bd. 2, Strassburg 1878) S. 13 ff.; *R. Sohm*, Zeitschr. d. Savigny-Stiftung f. Rechtsgesch. (Germ. Abth.) Bd. 1 S. 8 ff.

21) *J. Aschbach*, Ueber d. heil. Cunibert, Bischof v. Cöln, Niederrhein. Jahrb. f. Gesch., Kunst u. Poesie Bd. 2 (Bonn 1844) S. 175 ff.; über Kunibert's Verhältniss zum merovingischen Königsgeschlechte s. *H. E. Bonnell*, Die Anfänge des karoling. Hauses (Berlin 1866) S. 99 ff., über seine Wirksamkeit in Austrasien besonders S. 103. Ueber die ältere Metropolitanwürde des Bischofs von Köln handelt *E. Loening*, a. a. O. S. 100.

22) Am 31. Oktober 745 schreibt Papst Zacharias an Bonifatius: „De civitate namque illa, quae nuper Agrippina vocabatur, nunc vero Colonia, iuxta petitionem Francorum per nostrae auctoritatis praeceptum nomini tuo metropolim confirmavimus, et sanctitati tuae direximus pro futuris temporibus eiusdem metropolitanae aecclesiae stabilitatem“, *Ph. Jaffé*, Biblioth. rer. Germ. Bd. 3 ep. 51 S. 152. Weshalb trotzdem Mainz gewählt wurde, darüber vgl. u. a. *Rettberg*, Kirchengesch. Bd. 2 S. 366, *Ph. Jaffé*, Forschgn. z. deutsch. Gesch. Bd. 10 (1870) S. 422 ff., gegen *Dünzelmann's* Versuch, in dem Briefe des Papstes Zacharias Mainz an die Stelle von Köln zu setzen; *W. Arnold*, Deutsche Geschichte Bd. 2, I (Gotha 1881) S. 224 ff.; *A. Werner*, Bonifacius der Apostel der Deutschen u. die Romanisirung von Mitteleuropa (Leipzig 1875) S. 334 sucht die Ursache in einer „Verstimmung“ des fränkischen Hofes gegen Bonifatius. Vgl. auch *Fr. Görres*, Monatsschr. f. rhein.-westf. Geschforschg. Bd. 2 (1876) S. 207 und S. 358 ff., zunächst mit Bezug auf Trier und Rheims. Ueber die Gründe, mit denen Bonifatius die Unterordnung Utrechts unter Köln erfolgreich abwies, *J. M. Watterich*, Die Germanen des Rheins (Die Sigambern u. d. Anfänge der Franken) (Leipzig 1872) S. 190.

23) *Adam v. Bremen*, Gesta Hammaburg. eccl. lib. 1 c. 12, Mon. Germ. SS. 7 S. 288: „Saxonia subacta in provintiam redacta est. Quae simul in octo episcopatus divisa, Mogontino et Coloniensi archiepiscopis est subiecta.“ Vgl. das Testament Karls d. Gr. bei *Einhard*, Vita Karoli c. 33 und dazu *Rettberg*, Kirchengesch. Bd. 2 S. 601 ff. Ueber das Verhältniss Bremens zu Köln s. aus älterer Zeit *D'Aix*, De eccl. metropol. Colon. in Bremensem olim suffraganeam iure metropolit. primitivo (Bonner Diss. 1792); sodann *H. Floss*, Die Papstwahl unter den Ottonen (Freiburg 1858), bes. S. 133, Cod. dipl. S. 127, 130; *G. Dehio*, Gesch. d. Erzbist. Hamburg-Bremen Bd. 1 (Berlin 1878) S. 219 ff. und vor allem *E. Dümmler*, Gesch. d. ostfränk. Reichs Bd. 3 (2. Aufl. Berlin 1888) S. 402 ff.

24) Die Streitfrage über den Hildebold'schen Dom behandelt besonders

gründlich *H. Düntzer*, Capitol, Marienkirche und alter Dom zu Köln, Bonner Jahrbb. Bd. 39 (1865) S. 92 ff. und Bd. 57 (1876) S. 164 ff.; dagegen wendet sich jedoch *K. Hegel*, Chroniken d. deutsch. Städte Bd. 14 (Cöln 3) S. CCXLIX. Eine Abbildung des alten Domes veröffentlicht *A. Essenwein* im Anzeiger f. Kunde d. deutsch. Vorzeit N. F. Bd. 19 (1872) Sp. 209 ff. aus Cod. Col. 12 [Dombibliothek] saec. XI Bl. 2b. Vgl. auch *L. Ennen*, Mitthlgn. d. k. k. Central-Commission z. Erforschg. u. Erhaltg. der Baudenkmale Bd. 7 (1862) S. 177 ff. Hildebolds wirkliche und angebliche Verdienste um die Kölner Dombibliothek würdigen *Ph. Jaffé* und *W. Wattenbach*, Ecclesiae metropol. Colon. codices manuscripti (Berlin 1867) p. IV.

25) *C. H. Ferrier*, Die St. Columba-Pfarre zu Köln (Festschrift z. Feier d. 50 jähr. Bestehens der Realschule I. O. zu Köln 1878 S. 347 ff.). Ueber das Verhältniss der alten Pfarrkirchen St. Laurentius, St. Columba und St. Alban zu gewissen Altären im Dome s. das Nekrologium der Domkustodie, *Qu. z. Gesch. d. St. Köln* Bd. 2 S. 629: „Ecclesia beati Laurentii annexa est altari sancte Crucis . . in hunc modum videlicet, quod, si dicta ecclesia s. Laurencii ecclesiastico supponitur interdicto, ipse plebanus s. Laurencii in dicto altari s. Crucis missas suas celebrare poterit et suis ibidem parrochianis, dummodo non sint excommunicati, amministrare ecclesiastica sacramenta"; der gleichen Rechte erfreut sich der Pfarrer von St. Columba am Altare des h. Stephanus, der von St. Alban am Altare des h. Martinus: „et tenentur dicti tres plebani singulis diebus dominicis cum dominis nostris in processione circuire per ambitus ecclesie Coloniensis." Vgl. *L. Korth*, Liber privilegior. maior. eccles. Coloniens. (Trier 1887) S. 131.

26) *F. E. v. Mering*, Die Peterskirche und Cäcilienkirche in Cöln a. Rh. In ihren Denkwürdigkeiten beschrieben (Cöln 1834), wenig zuverlässig; eben so wenig *J. B. D. Jost*, Zur Gesch. des Cäcilienklosters in Köln, Studien u. Mitthlgn. a. d. Benedict. u. Cisterz.-Orden Bd. 4 (1884) Heft 2 S. 377 ff., Heft 3 S. 176 ff.

27) *H. Kessel*, Antiquitates monast. s. Martini maior. Colon. (Köln 1862); dazu über den Erbauer Ogier le Danois *P. G. Thorsen*, Nogle meddelelser om visse historiske bestanddele i sagnet om Olger Danske (Verhdlgn. der kgl. Dänischen Gesellsch. d. Wissensch., Kopenhagen 1865) und die Festschrift von *A. Ditges*, Gross St. Martin in Köln (Köln u. Neuss 1872).

28) [*N.*], Die St. Cuniberts-Kirche in Köln. Geschichtl. Notizen üb. die Kirche, ihren Gründer und die Wohlthäter des Stifts etc. (Köln 1857). — *A. G. Stein*, Das Kloster und spätere adelige Damenstift an der Kirche der heil. 11,000 Jungfrauen zu Köln [St. Ursula], Annalen des hist. Ver. f. d. Niederrh. 31 (1878) S. 45 ff. — Ueber St. Gereon: *Gregorii ep. Turon.* Liber in gloria martyrum (ed. *W. Arndt* und *Br. Krusch*, Mon. Germ. SS. 4⁰-Ausg.) c. 61: „Est apud Agrippinensim urbem basilica in qua dicuntur quinquaginta viri ex illa legione Thebeorum pro Christi nomine martyrium consummasse. Et quia admirabili opere ex musivo quodam modo deaurata resplendet Sanctos Aureos ipsam basilicam incolae vocitare voluerunt"; *Venantius Fortunatus*, De pontifice Carentino Coloniae, Carm. lib. 3 no. 14, Mon. Germ. Auct. antiquiss. Bd. 4, I S. 68:

„Aurea templa novas pretioso fulta decore

Tu nites, unde dei fulget honore domus.
Maioris numeri quo templa capacia constent,
Alter in excelso pendulus ordo datur."

Dazu das oben, Anm. 16, bezeichnete Aktenstück; ferner u. a. [*N.*], Gesch. üb. die
Erbauung u. Stiftung der Kirche zum hl. Gereon in Köln gewidmet den Christen, Kunstkennern u. Freunden [mit 2 Stichen v. Mennig] (Köln 1824); *v. Quast*,
Bonner Jahrbb. Bd. 10, Taf. 8; Bd. 13, Taf. 3. [*N.*], Die Kirche St. Gereon
in Köln, Organ f. christl. Kunst Bd. 10 (1860) no. 16—23. Vgl. unten Anm. 98.

29) In der Praelocution des Mainzer Konzils von 888 bei *J. Hartzheim*,
Concilia Germaniae Bd. 2 S. 369 heisst es u. a.: „Quis siccis oculorum lumi-
nibus valeat enumerare mala gentis nostrae et sanctorum? Videte et consi-
derate, quam praeclara et nobilia servorum dei aedificia destructa et incensa
sint et funditus ad nihilum redacta, altaria defossa et penitus conculcata,
ornamenta ecclesiarum dei valde pretiosa et mirifica direpta et igne exusta.
Episcopi et sacerdotes et ceteri ordinis ecclesiae viri gladio truncati et diversis poenarum generibus morti addicti. Omnis aetas utriusque sexus gladio
et igne diverso mortium genere consumpti... Omnia desiderabilia et pretiosa nobis ablata sunt." Im Mai 891 schreibt Papst Stephan VI. an Erzbischof Hermann I. von Köln: „Insidiante humani generis inimico basilice et
omnes fabrice domorum Coloniensium civitatis una cum nomine (predicte
ecclesie) igne conbuste perierunt", u. a. bei *Floss*, Papstwahl unter den Ottonen, Cod. dipl. S. 124; *Qu. z. Gesch. d. St. Köln* Bd. 1 S. 456 no. 7;
Jaffé, Regesta pontificum (2. Aufl.) no. 3469. Vgl. *E. Dümmler*, Gesch. des
ostfränk. Reichs Bd. 3 S. 157 ff. Ueber die Ausdehnung der Verwüstungen
in Köln, Bonn und Neuss s. *K. Koenen*, Westdeutsche Ztschr. Bd. 6 (1886)
S. 363.

30) *K. Lamprecht*, Stadtherrschaft und Bürgerthum zur deutschen Kaiserzeit, Skizzen z. rhein. Gesch. (Leipzig 1887) S. 108 schliesst umgekehrt aus
der Kürze der Zeit auf die Erbärmlichkeit der städtischen Verhältnisse. Es
handelte sich aber nicht um den Neubau von Wohnhäusern, sondern um die
Wiedererrichtung von Kirchen und Festungswerken.

31) [*G. Eckertz*], Das fränkische Ripuarland auf der linken Rheinseite,
Progr. d. Friedr. Wilh.-Gymnas. zu Köln (1854), dann Annalen d. hist. Ver.
f. d. Niederrh. Heft 1 (1855) S. 1 ff., bes. S. 36 ff.; *K. Hegel*, Chroniken d.
deutsch. Städte Bd. 12 (Cöln 1) S. XIV; *K. Lamprecht*, a. a. O. S. 103 ff. —
Wie schwankend die Bezeichnungen der Gaue sind, beweist folgende Neben-
einanderstellung: Mittelrhein. Urkb. Bd. 1 no. 104 S. 108 zu 865 Oktober 20:
„capellam quandam ad Bacheim in pago Bunnensi quae est constructa
in honore s. Mariae semper virginis." *Das.* no. 105 S. 109 zu 866 December 20:
„in pago Coloniensi in villa Bacheim ecclesiam in honore s. Mariae
fundatam." *Das.* no. 106 S. 111 zu 867 Januar 17: „ad ecclesiam s. Marie
que .. in pago Riboariense et in villa Bacheim constructa esse
dinoscitur."

32) *Ruotgeri* Vita Brunonis, Mon. Germ. SS. 4 S. 252 ff.; übersetzt von
J. v. Jasmund, Geschichtschreiber d. deutsch. Vorzeit Bd. 14. Von den sehr
zahlreichen Schriften über Bruno nenne ich: *J. Aschbach*, Ueb. d. polit. Wirksamkeit des Erzbischofs Bruno I. v. Cöln, Niederrh. Jahrb. Bd. 1 (Bonn 1843)

S. 22 ff.; *J. Pieler*, Bruno I. Erzbischof v. Köln (Progr. d. Gymnas. zu Arnsberg 1851); *E. Meyer*, De Brunone I. quaestiones septem (Berlin, Diss. 1867); *Fr. Schulze*, De Brunonis I. archiepiscopi Col. ortu et studiis praecipuisque rebus ab eo gestis (Halle, Diss. 1867); *J. Ph. Peiffer*, Histor.-krit. Beiträge z. Gesch. Bruno's I. Erzkanzlers, Herzogs v. Lothringen und Erzbischofs v. Köln (Aachen 1870); mit unhaltbaren Ausführungen über exegetische Arbeiten Bruno's; *J. Strebitzki*, Quellenkrit. Untersuchgn. z. Gesch. d. Erzbischofs Bruno I. v. Köln (Progr., Neustadt i. Westpreuss. 1875); *K. Martin*, Beiträge z. Gesch. Bruno's I. v. Köln (Jena, Diss. 1878), berücksichtigt auch die „kirchlich theologische Stellung und Denkweise". Ueber die Herzogsgewalt und das Erzkanzleramt Bruno's ist schon früh gehandelt worden: *J. Fr. Joachim*, Commentatio iuris publici de archicancellariatu archiep. ac princip. elect. Col. per regnum Italiae (Jena u. Leipzig 1738); *G. L. Boehmer*, De archiepiscopis Col. archicancellariis per Germaniam sub Ottone M. (Göttingen, Diss. 1753); *A. E. B. Fr. Bodife*, Origines praecipuor. iurium archiep. et elect. Col. (Göttingen, Diss. 1753); *H. B. Edler v. Blum*, Zufällige Gedanken über das mit der köln. Kirche verbunden gewesene Erz- und Herzogthum Lothringen (Bonn 1786). — Das Erzkanzleramt für Italien schwankt nach Bruno noch einige Zeit, seit Pilgrim ist es dauernd bei Köln. Vgl. darüber *J. Ficker*, Reinald v. Dassel (Köln 1850) S. 119 ff. und neuerdings *G. Seeliger*, Erzkanzler und Reichskanzleien (Innsbruck 1889) S. 23 ff. — Das Privilegium Otto's d. Gr. für Köln ist nicht erhalten, bezeugt ist es jedoch durch die Erwähnung in der Urkunde Otto's II. für Worms von 979, *Stumpf*, Reichskanzler no. 745. Vgl. u. a. *P. Hellwig*, Deutsches Städtewesen zur Zeit der Ottonen (Breslau, Diss. 1875).

33) *Vita s. Heriberti* auct. Lantberto, Mon. Germ. SS. 4 S. 739 ff.; über Heribert als Kämmerer des Wormser Stiftes s. *F. Falk*, Monatsschrift für rhein.-westfäl. Geschichtsforschung Bd. 3 S. 126; vgl. *L. Schwörbel*, Das Heribertmünster zu Deutz und seine Geschichte, Bonner Jahrbb. Bd. 74 (1882) S. 148 ff.; *J. Müller*, Rupert von Deutz, insbesondere dessen Vita Heriberti (Progr. d. Apostel-Gymnas. Köln 1888); ein Hymnus auf den heil. Heribert ist mitgetheilt *Zeitschr. f. deutsch. Alterth.* Bd. 14 S. 156; eine neuere selbständige Arbeit über ihn besitzen wir nicht.

34) *G. Schnürer*, Piligrim, Erzbischof v. Köln, Studien z. Gesch. Heinrichs II. und Konrads II. (Münster, Diss. 1883).

35) *Chronica regia Colon.* ad a. 1049, 8⁰-Ausg. S. 36: „Leo papa festum s. Petri cum Heinrico imperatore Coloniae celebravit presidente domno Herimanno archiepiscopo"; vgl. *J. Binterim*, Hermann II. Erzbischof v. Köln, aus authent. Urkunden dargestellt als Erzkanzler des h. apost. Stuhles und als Kardinalpriester etc. (Düsseldorf 1851); *J. B. Hennes*, Hermann II. Erzb. v. K. (Mainz 1851); *J. W. J. Braun*, Die geborenen Kardinäle der köln. u. trier. Kirche (Bonn 1851); *ders.*, Die Sage v. d. gebor. Kardinälen d. köln., trier. u. magdeburg. Kirche (Bonn 1852); *J. Binterim*, Die jüngste öffentl. Vorlesung des Herrn J. W. J. Braun (Köln 1852).

36) *Vita Annonis*, Mon. Germ. SS. 11 S. 465 ff., allerdings, nach *Giese-*

brecht's Ausdruck, das Werk des schlechtesten Biographen, den Anno finden konnte. Neuere Darstellungen: *L. Lersch*, Erzbischof Anno II. v. Cöln, Niederrhein. Jahrb. Bd. 2 (Bonn 1844) S. 193 ff.; *H. Floto*, De sancto Annone (Berlin, Diss. 1847); *Aeg. Müller*, Anno II. der Heilige, Erzbischof v. Köln u. dreimaliger Reichsverweser v. Deutschland 1056—75 (Leipzig 1858); *Th. Lindner*, Anno II. der Heilige, Erzb. v. Köln (Leipzig 1869). — Ueber das A n n o l i e d vgl. u. a. *J. Janssen*, Annalen d. hist. Ver. f. d. Niederrh. Heft 1 (1855) S. 88 ff.; *A. Holtzmann*, Der Dichter des Annoliedes, Germania Bd. 2 (1857) S. 1 ff., welcher Lambert v. Hersfeld als Verfasser nachweist; *O. Carnuth*, Zum Annoliede, das. Bd. 14 (1869) S. 74 ff.; gegen *Holtzmann* wendet sich *E. Kellner*, Zeitschr. f. deutsche Philologie Bd. 9 (1878) S. 257 ff., gegen diesen *W. Wilmanns*, Ueber das Annolied (Beiträge z. Gesch. d. ält. deutsch. Litteratur Heft 2, 1888); vgl. endlich wiederum *E. Kellner*, Zeitschr. f. deutsche Philol. Bd. 19 (1889) S. 257 ff. Gute Ausgabe: Das Annolied. Genauer Abdruck des Opitzischen Textes mit Anmerkungen u. Wörterbuch v. *J. Kehrein* (Frankfurt 1865). Im übrigen s. *W. Wattenbach*, Deutschlands Geschichtsquellen im Mittelalter Bd. 2 (5. Aufl.) S. 87; *K. Goedeke*, Deutsche Dichtung im Mittelalter (Hannover 1854) S. 859; ders., Grundriss z. Gesch. d. deutsch. Dichtg. (2. Aufl. Hannover 1884) Bd. 1 S. 57 ff. Ueber die Reliquien Anno's in Siegburg s. *Aeg. Müller*, Siegburg u. d. Siegkreis Bd. 1 (Siegburg 1859) S. 153 ff.; *B. Simson*, Zur Translatio s. Annonis, Forschgn. z. deutsch. Gesch. Bd. 20 (1880) S. 600 ff. [blosse Collation].

37) Eine ausserordentlich lebendige Darstellung gibt *Lambert v. Hersfeld*, Annales (8⁰-Ausgabe) S. 150 ff.; ihm sind die Ereignisse eine „res digna omnium bonorum miseratione et lacrimis".

38) *Lambert* a. a. O. deutet an, dass die Bürger bei dem Aufstande im Einverständnisse mit dem Könige gewesen sein könnten: „Id magis venit in suspicionem, quod, cum celebre apud omnes esset nomen Wormaciensium pro eo quod regi fidem in adversis servassent et episcopum rebellare tentantem civitate expulissent, Colonienses pessimum exemplum aemulati, suam quoque devotionem insigni aliquo facinore regi gratificare vellent"; *Th. Lindner*, Anno d. Heilige S. 85 Anm. 3 bezweifelt die Möglichkeit eines solchen Zusammenhanges, dagegen verweist *K. W. Nitzsch*, Gesch. d. deutsch. Volkes Bd. 2 (Leipzig 1883) S. 79 ff. auf die Einheitlichkeit der städtischen Bewegung in jener Zeit. Als eine ganz verfehlte und befangene Darstellung der Vorgänge mag noch die Schilderung bei *A. Wauters*, Les libertés communales Bd. 1 (Brüssel 1878) S. 324 ff. erwähnt werden.

39) *Lambert*, a. a. O. S. 158: „Civitas, paulo ante civibus frequentissima et post Mogontiam caput et princeps Gallicarum urbium, subito pene redacta est in solitudinem; et cuius plateae vix capiebant stipata viantium examina, nunc rarum ostendit hominem, silentio et horrore omnia desiderii quondam ac deliciarum loca possidentibus." — Unter Anno's Nachfolgern ist besonders S i g e w i n zu nennen; über ihn besitzen wir eine ältere Abhandlung von *A. R. Bünemann*, Schediasma de s. Sigewino Coloniensium XLVI. archiepiscopo (Hannover 1701).

40) *Vita Heinrici IV*. c. 13, Mon. Germ. SS. 12 S. 282 heisst es nach

einer begeisterten Schilderung der Treue, welche der flüchtige Kaiser in Köln und Lüttich gefunden, über Heinrich V: „Iam rex Renum cum exercitu valido transierat et primo Coloniam, quae quasi caput inter alias urbes eminebat, magno impetu invasit, reputans se sibi membra facilius subicere, contrito tam valido capite. Sed res longe praeter spem evenit, nam cruenta repulsa retroacti, procul locatis castris urbem obsidione vallabant." *Ekkehardi Urau-giens.* Chron. univers. ad a. 1106, Mon. Germ. SS. 6 S. 236: „Mense iunio iam fere mediante rex Heinricus cum exercitu copioso, id est 20 milibus, Coloniam Agrippinam obsedit; sed cum esset multum per omnem modum munita 3 aut 4 inibi ebdomadas casso peno labore consumpsit, excepto quod, ut fieri solet, iuventus utpote morae impatiens, nonnumquam pro muris concurrens ludo crudeli fugat alterutrum vel sternit."

41) *Otto v. Freising,* Chron. lib. 7 c. 12, Mon. Germ. SS. 20 S. 253 zum Jahre 1106: „(Henricus IV. imperator) egens factus, ad inferiores partes Rheni in Belgas se contulit ibique a Coloniensibus non ut exul set ut rex regio apparatu susceptus est. Haec civitas in Belgica Gallia super Rhenum posita omnibus Galliae ac Germaniae urbibus, ex quo Treveris labi coepit, tam diviciis quam aedificiis, magnitudine ac decore sui praeferenda cognoscitur."

42) *Chron. regia Colon.* ad a. 1134, 8⁰-Ausg. S. 71: „Novus imperator natalem Domini Coloniae celebrat. Ibi temerarius tumultus urbicorum coram imperatore exoritur et eo nondum sedato, inde discessit"; ad a. 1135: „Imperator natalem Domini Aquisgrani celebrat. Ibi Colonienses gratiam imperatoris optinent." Ihr Erzbischof scheidet damals in Unfrieden vom Kaiser; vgl. *Annalista Saxo,* Mon. Germ. SS. 6 S. 768; dazu *W. Bernhardi,* Lothar v. Supplinburg (Jahrbb. d. deutsch. Gesch. Leipzig 1879) S. 559.

43) Ueber Erzbischof Arnold I. vgl. u. a. *W. Bernhardi,* Konrad III. (Jahrbb. d. deutsch. Gesch.) Bd. 1 (Leipzig 1883) S. 13 ff. Bei *Otto v. Freising,* Gesta Friderici lib. 1 c. 62, Mon. Germ. SS. 20 S. 388 heisst er: „vir ad ecclesiastica omnia et saecularia negocia inutilis". Während seiner Regierung fand im Mai 1150 eine grosse Feuersbrunst in Köln statt, s. *Chron. reg. Col.* (8⁰-Ausg.) S. 87: „Ipso tempore in mense maio Coloniae pars aliqua civitatis exusta et dampna inrecuperabilia facta sunt." Eine Urkunde aus dem Ende des 12. Jhdts., *Quellen z. Gesch. d. St. Köln* Bd. 1 no. 112 sagt darüber: „Accidit ut magna pars civitatis Coloniensis igne succensa horribilem et inrecuperabilem pateretur ruinam." — Ueber die Judenverfolgung von 1146 s. *Otto v. Freising* a. a. O. c. 37 u. 38, Mon. Germ. SS. 20 S. 372 ff. und besonders den Bericht des *Ephraim bar Jakob* aus Bonn bei *J. Aronius,* Regesten z. Geschichte d. Juden im fränk. u. deutsch. Reiche (Berlin 1888) no. 232 ff.

44) *P. Kersten,* Arnold v. Wied, Erzbischof v. Köln 1151—1156 (Jena, Diss. 1881); *Fr. Schneider,* Arnold II. Erzbischof v. Cöln (Halle, Diss. 1884), letztere Arbeit sehr nachlässig in Forschung und Darstellung. — Der Brief Papst Eugen's III. an die Kölner aus Segni vom 8. Januar 1152 bei *Wibald* epist. no. 348, *Jaffé,* Biblioth. rer. Germ. Bd. 1 (Monum. Corbeiensia) S. 482: „Preterea, quoniam quidam ex vobis prout accepimus, post inceptum iter antedicti fratris nostri veniendi ad nos aliquas de eisdem possessionibus per

violentiam et contra iusticiam invaserunt vel occuparunt, presentium auctoritate mandamus, ut, nisi infra quadraginta dies post commonitionem memo-
rati fratris nostri Arnoldi archiepiscopi vestri possessiones ipsas eidem aecclesiae restituerint, ecclesiasticae animadversionis censurae subiaceant." Die
Bestätigungsbulle für Arnold vom gleichen Tage bei *Lacomblet*, Urkb. f. d.
Gesch. d. Niederrh. Bd. 1 no. 372.

45) Auch in dem Zollprivileg für Dinant vom 13. Februar 1203 beruft
sich Erzbischof Adolf I. auf die seit Karl d. Gr. geltenden Gewohnheiten,
Quellen z. Gesch. d. St. Köln Bd. 2 no. 5; *Hansisches Urkb.* Bd. 1 no. 61.

46) Ueber das hohe Alter der Handelsbeziehungen zwischen Köln
und England s. *K. Höhlbaum*, Hansisches Urkb., besonders Bd. 3 (Halle
1882—87) S. 379 ff. die gelehrten, reichhaltigen Nachweise zu der Aufzeichnung über die Zollpflicht der fremden Kaufleute in London aus dem
letzten Drittel des 11. Jahrhunderts, und ebenda S. 388 zu no. 602; *G. Schanz*,
Englische Handelspolitik gegen Ende des Mittelalters Bd. 1 (Leipzig 1881)
S. 172 ff.; *Höhlbaum*, Kölns älteste Handelsprivilegien für England, Hansische
Geschichtsblätter 1882 S. 39 ff. Aus der älteren Litteratur: *J. M. Lappenberg*, Urkundliche Geschichte des hansischen Stahlhofes zu London (Hamburg
1851); *O. Abel*, Die polit. Bedeutung Kölns am Ende des zwölften Jahrhdts.,
Allgem. Monatsschr. f. Wiss. u. Lit. (1852) S. 443 ff.; *J. Ficker*, Engelbert
der Heilige, Erzbisch. v. Köln u. Reichsverweser (Köln 1853) S. 134 ff., bes.
S. 137 Anm. 1; *A. Kaufmann*, Caesarius von Heisterbach (Köln 1862) S. 37 ff.

47) *J. Ficker*, Reinald von Dassel, Reichskanzler und Erzbischof von
Köln (Köln 1850) S. 72 und S. 101 ff.; *ders.*, Engelbert der Heilige a. a. O.
Th. Wissowa, Die politischen Beziehungen zwischen Deutschland u. England
bis zum Untergange der Staufer (Breslau, Diss. 1889).

48) *H. Keussen* [d. ä.], De Philippo Heinsbergensi archiepiscopo Col. (Münster,
Diss. 1856) S. 8, S. 30 ff.; *H. G. Peter*, Analecta ad histor. Philippi de Heinsberg archiep. Col. (Berlin, Diss. 1861), scharf gegen Keussen's Arbeit ge-
richtet; *H. Grauert*, Die Herzogsgewalt in Westfalen seit dem Sturze Hein-
richs des Löwen (Paderborn 1877); *B. Stehle*, Ueber ein Hildesheimer Formel-
buch, vornehmlich als Beitrag z. Geschichte des Erzb. Philipp I. von Köln
(Strassburg. Diss., Sigmaringen 1878); *H. Hecker*, Die territoriale Politik des
Erzbischofs Philipp I. von Köln (Leipzig, Histor. Studien, 1883) bes. S. 54 ff.;
Nachträge dazu (Regesten und ungedruckte Urkunden) Zeitschr. d. Berg.
Gesch.-Ver. Bd. 22 (1886) S. 169 ff.; über die grossen Gütererwerbungen
Philipps s. u. a. *Hecker*, Die territoriale Politik etc. S. 80 ff. und den zuerst
von *L. Korth* veröffentlichten Text eines Verzeichnisses aus dem Sommer 1190,
Mittheilungen a. d. Stadtarch. v. Köln Heft 12 (1887) S. 54 ff.; vor allem
die Ausführungen bei *Nitzsch*, Deutsche Geschichte Bd. 2 S. 326 ff.

49) Am 27. Juli 1180 verglichen sich Stadt und Erzbischof wegen des
Mauerbaues, am 18. August desselben Jahres bestätigte der Kaiser den Vertrag, s. *Lacomblet*, Urkundenbuch f. d. Gesch. d. Niederrheins Bd. 1 no. 474
und 475; *Annales s. Gereonis Col.*, Mon. Germ. SS. 16 S. 734: „Anno domi-
nice incarnationis 1200 inceperunt cives Colonienses edificare murum super
vallum." Vgl. *L. Ennen*, Territoriale Entwicklung und Befestigung der

Stadt Köln, Annalen d. hist. Ver. f. d. Niederrh. Heft 3 S. 19 ff.; *ders.*, Die Festungswerke von Köln u. Deutz, *das.* Heft 33 S. 1 ff.

50) Am 4. Juli 1202 dankt König Johann den Kölnern für ihre Treue gegen Otto IV.: „Grates vobis referimus multiplices super honore et bonis, que dilecto nepoti nostro Ottoni, regi Romanorum, domino vestro, fecistis. Rogamus vos attentius, ut ita faciatis. Et sciatis, quod Dei gratia cooperante in statu tali positi sumus, ut ei bene succurrere possumus", *Lappenberg* a. a. O., Urkb. S. 6 no. 6; ebenso am 11. April 1204, *das.* no. 7; das Handelsprivileg vom 25. Dezember 1204 wird den Kölnern gewährt „quamdiu ipsi fuerint in fidelitate et fide regis Othonis nepotis nostri"; *das.* no. 8. — Ueber die Haltung Köln's im Thronstreite zwischen Philipp und Otto vgl. u. a. *E. Winkelmann,* Philipp v. Schwaben und Otto IV. v. Braunschweig (Jahrbb. d. deutsch. Gesch.) Bd. 1 (1873) S. 217 ff., 253 ff. u. ö.; *V. Röhrich,* Adolf I. Erzbischof von Köln (Königsberg. Diss., Braunsberg 1886), eine sehr fleissige und gut geschriebene Abhandlung, sowie den an neuen Gesichtspunkten reichen Aufsatz von *H. Hüffer,* Der Denkstein der Burg auf dem Godesberg und das Schisma der kölnischen Kirche von 1205—1216, Annalen d. hist. Ver. f. d. Niederrh. Heft 46 (1887) S. 123 ff. — Ueber das Verhalten der Kölner nach der Schlacht von Bouvines vgl. *E. Winkelmann* a. a. O. Bd. 2 (1878) S. 394 ff.

51) *Chron. reg. Col.,* 8⁰-Ausg. S. 266 ad a. 1235: „Eodem tempore soror regis Anglie rogatu imperatoris ab archiepiscopo Coloniensi et duce Brabancie ab Anglia adducitur, ipsi imperatori nuptura. Que ab omnibus civitatibus et oppidis, per que eam transire contigit, honorifice sed a civibus Coloniensibus maiore pre aliis tripudio quinta feria proxima ante pentecosten [*24. Mai*] suscipitur; apud quos in domo prepositi sancti Gereonis per mensem in magna honorificencia continue moratur." Besonders begeisterte Schilderungen entwerfen die Landsleute der Braut, so *Roger v. Wendover,* Mon. Germ. SS. 28 S. 72: „Cognito ipsius adventu exierunt ab urbe in occursum eius ad 10 milia civium cum floribus et palmis ac festivis indumentis; qui in equis sedentes Hispanicis, ad agilem eos cursum urgebant, dum hastas et arundines quas ferebant in manibus in alterutrum confregerunt"; *Matheus Parisiensis,* a. a. O. S. 130 fügt noch hinzu: „Advenerunt etiam per excogitatum ingenium naves, quasi remigantes per aridam, equis absconditis et tectis sericis coopertoriis illas trahentibus; in quibus navibus clerici suaviter modulantes cum organis bene sonantibus audientibus inauditas cum stupore fecerunt melodias. Appropians igitur civitati Colonie imperatrix talibus intravit comitata tripudiis, ut tota illa nobilis civitas gaudio videretur redundare." Vgl. hierzu u. a. *R. Pauli,* Gesch. v. England Bd. 3 S. 617 ff.; *L. Ennen,* Gesch. d. St. Köln Bd. 2 S. 74; *K. Lamprecht,* Stadtherrschaft und Bürgerthum, Skizzen z. Rhein. Gesch. S. 115, wo natürlich an Stelle Engelberts des Heiligen sein Nachfolger Heinrich von Molenark zu setzen ist. Fast zwei Jahrhunderte später, am 2. April 1402, hielt noch einmal eine englische Prinzessin ihren Einzug in Köln, Blanka, die Tochter Heinrichs IV., als Braut des Pfalzgrafen Ludwig von Baiern, *Kölner Jahrbücher, Rec. C.,* Chron. d. dtsch. St. Bd. 13 S. 93 ff.

52) Die Umschrift des ältesten Stadtsiegels, welches zuerst an dem Zunftbriefe vom Jahre 1149 begegnet: SANCTA COLONIA DEI GRATIA ROMANÆ ECCLESIÆ FIDELIS FILIA ist in das gothische Siegel von 1270, dessen Stempel noch im Historischen Museum (Hahnenthor) sich befindet, unverändert übergegangen; vgl. die Abbildungen in den Urkundenbüchern von *Lacomblet* Bd. 1; *Ennen* Bd. 1 Taf. 1; auch bei *B. Endrulat*, Niederrheinische Städtesiegel vom 12. bis 16. Jahrhundert (Düsseldorf 1882) und auf dem Titelblatte dieser Abhandlung. Auf die Umschrift verweist auch Papst Innocenz III., *St. Baluze*, Epistolae Innocentii Bd. 1 S. 745.

53) Privileg Alexanders III. für Philipp von Heinsberg d. d. Lateran 1178 Juni 19, gedr. u. a. *Annalen d. hist. Ver. f. d. Niederrh.* Heft 41 (1884) S. 79 (*Jaffé*, Reg. pontif. no. 13075): „Ad hec monasteria ecclesias Colonie positas et omnia sacra loca infra et circa urbem Colonie ad iurisdictionem Coloniensis ecclesie pertinentia, monetam predicte civitatis, theloneum, forum et omne ius civile sub potestate tua et successorum tuorum . . tibi tuisque successoribus auctoritate apostolica confirmamus."

54) Am 12. December 1203 bestärkt Innocenz III. die Kölner in ihrer Anhänglichkeit an Otto IV.: „Fortitudinis vestre constantiam in domino commendamus, que in fidelitate carissimi in Christo filii nostri illustris regis Ottonis in Romanorum imperatorem electi sic ab initio ferbuit, ut nec torpuerit in medio nec in fine sed de die in diem fervorem sumpserit ampliorem et circa eius obsequium iugiter susceperit incrementum . . Cum igitur iam tempus immineat, quo dante domino de labore vestro recipiatis premium et fructus vobis planta proferat quam plantastis, monemus universitatem vestram, quatenus non deficiatis sed proficiatis potius et usque in finem in firmitatis vestre proposito persistatis." *Quellen z. Gesch. d. St. Köln* Bd. 2 no. 7. Aehnlich lautet das Schreiben vom 23. April 1204: „Etsi multi scandalizati fuerint . . vos tamen in fidelitate semper regia perstitistis", *das.* no. 10. Am 23. December 1205 erfolgt dann die erste päpstliche Privilegienbestätigung, *das.* no. 16. Bezeichnend ist die Wendung bei *Caesarius v. Heisterbach*, Dialog. miracul. dist. 6 c. 27 (ed. *J. Strange* Bd. 1) S. 379: „Tempore schismatis, quod erat inter Philippum et Ottonem reges Romanorum, cum Colonienses tum propter obedientiam sedis apostolicae tum propter iusiurandum eidem Ottoni factum fideliter assisterent et multis expensis atque damnis et periculis subiacerent" etc.

55) Zum Jahre 1199 berichtet die *Chron. regia Colon.*, 8⁰-Ausg. S. 169 über den Versuch des Erzbischofs von Mainz, zwischen den Königen Philipp und Otto zu vermitteln: „Cunradus episcopus Coloniam veniens cum episcopo Coloniensi et burgensibus colloquium super hoc habuit sed infecto negocio rediit." Noch bezeichnender heisst es bei *Arnold*, Chron. Slavor. lib. 6 c. 1, 8⁰-Ausg. S. 127 über die Wahl Ottos: „Siquidem Colonia Agrippina in regnis inclita, colloquio celebrato cum regni primatibus de electione novi regis tractare cepit." *Burchard v. Ursperg*, Mon. Germ. SS. 23 S. 366 sagt von den Welfen: „Plus confidentes in divitiis et potentia Coloniensium illuc conventiculum suum condicunt" und *das.* S. 367 zum April 1198: „Iam tunc Colo-

mienses et Argentinenses cum episcopis suis et alii quidam iniqui cogitaverunt et machinati sunt nequitiam." Vgl. u. a. *K. W. Nitzsch*, Ministerialität und Bürgerthum (Leipzig 1859) S. 355 ff.; *V. Röhrich*, Adolf I., Erzbischof von Köln S. 47; im allgemeinen *P. Brülcke*, Die Entwicklung der Reichsstandschaft der Städte. Ein Beitrag z. Gesch. d. Reichstage v. d. Mitte des 13. bis zum Ende des 14. Jh. (Hamburg 1881).

56) Von den zahlreichen Arbeiten, welche den Ursprung der Kölner Stadtverfassung, besonders oder in grösserem Zusammenhange, behandeln, nenne ich nur *K. F. Eichhorn*, Ueber den Ursprung der städt. Verfassung, Ztschr. f. geschichtl. Rechtswissensch. Bd. 1 u. 2 (Berlin 1815, 16); *Gaupp*, Ueber deutsche Städtegründung, Stadtverfassung und Weichbild (Jena 1824); *K. D. Hüllmann*, Städtewesen des Mittelalters (Bd. 1—4, Bonn 1826 ff.); *W. Arnold*, Verfassungsgeschichte der deutschen Freistädte (Hamburg u. Gotha 1854); *K. W. Nitzsch*, Ministerialität und Bürgerthum (Leipzig 1859), bes. S. 117 ff. über die „hofrechtlichen Züge" der Kölner Verfassung u. S. 270 ff.; *L. Ennen*, Geschichte der Stadt Köln (Köln u. Neuss 1863 ff.); *Lambert*, Die Entwickelung d. deutschen Städteverfassungen; *G. L. v. Maurer*, Geschichte der Städteverfassung in Deutschland (Erlangen 1869 ff.); *A. Heusler*, Der Ursprung der deutschen Stadtverfassung (Weimar 1872); *K. Hegel*, Verfassungsgeschichte von Köln im Mittelalter, Einleitung zu den Chroniken der deutschen Städte Bd. 12 u. 14 [Cöln Bd. 1 u. 3], auch besonders (Leipzig 1877); *H. Cardauns*, Konrad von Hostaden (Köln 1880) S. 87 ff.; *E. Huber*, Das kölnische Recht in den zähringischen Städten, Zeitschr. f. schweizerisches Recht Bd. 22 (Basel 1882) S. 1 ff.; *R. Hoeniger*, Der Ursprung der Kölner Stadtverfassung, Westdeutsche Zeitschr. Bd. 2 (1883) S. 227 ff.; *E. Schneider*, Die deutschen Städteprivilegien der hohenstaufischen Kaiser Friedrichs I. und Heinrichs VI. (Leipzig. Diss., Eisleben 1883) S. 45 ff.; *E. Liesegang*, Die Sondergemeinden Kölns (Bonn 1885); *K. W. Nitzsch*, Geschichte d. deutsch. Volkes, herausg. v. G. Matthäi, Bd. 3 (Leipzig 1885), besonders S. 16 ff.; *K. Lamprecht*, Stadtherrschaft u. Bürgerthum z. deutsch. Kaiserzeit, Skizzen zur rhein. Gesch. (Leipzig 1887) S. 116 ff.; *G. v. Below*, Zur Entstehung der deutschen Stadtverfassung, Histor. Ztschr. Bd. 58 u. 59 (1888); ders., Die Entstehung der deutschen Stadtgemeinde (Düsseldorf 1889), besonders S. 38 ff. Im allgemeinen vgl. *H. G. Gengler*, Deutsche Stadtrechtsalterthümer (Erlangen 1882). Die verfassungsgeschichtlich wichtigen Urkunden finden sich in den grossen Sammlungen von *Th. J. Lacomblet*, Urkundenbuch f. d. Gesch. des Niederrheins; *L. Ennen* [und *G. Eckertz*], Quellen z. Gesch. d. Stadt Köln; gute Auszüge bei *H. G. Gengler*, Codex iuris municipalis Germaniae (Erlangen 1863) S. 515—98. Zu erwähnen ist auch die neue kritische Ausgabe des Kölner Dienstrechtes von *F. Frensdorff* in den Mittheilgn. a. d. Stadtarchiv v. Köln Heft 2 (1883) S. 1 ff.

57) *Chronica regia Colon.* zum Jahre 1112, 8° Ausg. S. 52: Coniuratio Coloniae facta est pro libertate"; *Lamprecht*, Skizzen zur Rhein. Gesch. S. 120 übersetzt: „Eine Schwurvereinigung zur freien Verwaltung bildete sich". Ueber die „coniuratio" zu Cambrai vom Jahre 1076 vgl. *Gesta episcopor. Cameracens.*, Mon. Germ. SS. 7 S. 428, dazu *F. Hoeres*, Das Bisthum Cambrai etc.

und die Entwickelung der Commune von Cambrai (Leipzig, Diss. 1882) S. 6,
43 ff.; über verwandte Bildungen in Trier *A. Heusler*, Der Ursprung der
deutschen Stadtverfassung S. 225; *E. Schneider*, Die deutschen Städteprivilegien S. 33 ff. und besonders *A. Schoop*, Verfassungsgeschichte von
Trier, Westdeutsche Zeitschr. f. Gesch. u. Kunst, Ergänz.-Heft 1 (1883)
S. 103 ff., welcher, ebenso wie *Heusler* a. a. O., die coniuratio auffasst als
„eine Rechtseinung, d. h. einen Zusammenschluss der Bürgerschaft zur
Sicherung des Rechtsschutzes". Als Seltsamkeit erwähne ich, dass *H. C. Stein*,
De Friderico archiepiscopo Coloniensi (1100—1131) (Münster, Diss. 1855) S. 15
die Nachricht der *Chronica regia* auf eine politische, gegen Heinrich V. ge-
richtete „Verschwörung" bezieht.

58) *E. Liesegang*, Die Sondergemeinden Kölns (Bonn 1885); *G. Liebe*, Die
kommunale Bedeutung der Kirchspiele in den deutschen Städten (Berlin, Diss.
1885), über Köln bes. S. 13. ff.; *v. Below*, Entstehung der Stadtgemeinde S. 38 ff.
Ueber das Grundbuchwesen der Sondergemeinden (Schreinskarten und Schreins-
bücher) s. das noch immer lehrreiche, auf lebendiger Kenntniss beruhende Buch
von *M. Clasen*, Erste Gründe des [!] kölnischen Schreinspraxis, mit Mustern und
einer Untersuchung über das Alter der kölnischen Schreinen (Köln 1782),
sodann aus neuerer Zeit *R. Hoeniger*, Der älteste Aktenbestand der städt.
Verwaltung Kölns, Mittheilgn. a. d. Stadtarchiv von Köln Heft 1 (1882)
S. 35 ff. und vor allem: Kölner Schreinsurkunden des zwölften Jahrhunderts.
Quellen zur Rechts- und Wirthschaftsgeschichte hrsg. von *R. Hoeniger* Bd. 1
(Bonn 1884—87); *H. Gobbers*, Die Erbleihe und ihr Verhältniss zum Renten-
kauf im mittelalterlichen Köln des 12.—14. Jahrhunderts, Zeitschr. der
Savigny-Stiftung f. Rechtsgesch. (Germ. Abth.) Bd. 4 (1883) S. 130 ff.

59) Der Zunftbrief für die Bettziechenweber (textores culcitrarum pulvina-
rium) vom Jahre 1149, *Lacomblet*, Urkundenbuch Bd. 1 no. 366 und *Quellen zur Gesch. der St. Köln* Bd. 1 S. 329 ist gewährt: „in domo civium
inter Judeos [*Judengasse*] sita ab advocato Ricolfo, a comite Hermanno, a
senatoribus, a melioribus quoque tocius civitatis vulgi etiam
favore applaudente". Zu den von der Stadt Köln besiegelten Urkunden,
welche *Hoeniger*, Westd. Zeitschr. Bd. 2 S. 232 aufzählt, ist hinzuzufügen
ein Schenkungsbrief des Klosters St. Mauritius zu Köln für die Liebfrauen-
kirche zu Maastricht vom Jahre 1158 (indict. VI.) bei *G. D. Franquinet*,
Beredeneerde inventaris der oorkonden en bescheiden van het kapittel van
O. L. Vrouwekerk te Maastricht (Maastricht 1870) S. 14 no. 5. Im Allgemeinen vgl. *v. Below*, Stadtgemeinde S. 43 ff.

60) Das Namenverzeichniss der grossen Gilde ist abgedruckt *Quellen z.
Gesch. der St. Köln* Bd. 1 S. 148 ff., neuerdings bei *Hoeniger*, Kölner Schreins-
urkunden Bd. 1. Ihr Verhältniss zur Richerzeche behandelt *K. W. Nitzsch*,
Ueber die niederdeutschen Genossenschaften des 12. u. 13. Jahrhunderts,
Monatsberichte der kgl. Akad. der Wissensch. zu Berlin (1879) S. 19 ff. (1880)
S. 370 ff. und besonders die scharfsinnige Untersuchung von *E. Kruse*, Die
Kölner Richerzeche, Zeitschr. der Savigny-Stiftung f. Rechtsgesch. (Germ.
Abth.) Bd. 9 (1888) S. 152 ff., mit eingehender Kritik der bisherigen
reichen Litteratur; dagegen *G. v. Below*, Die Kölner Richerzeche, Deutsche

Zeitschr. für Geschichtswissensch. Bd. 1 (1889) S. 443 ff. — Die Litteratur über den gefälschten Kölner Schiedspruch von 1169, dessen Echtheit zuletzt nur noch *Ennen* zu vertheidigen suchte, bei *K. Frhr. v. Richthofen*, Forschgn. z. deutsch. Gesch. Bd. 8 (1868) S. 59 ff. und *R. Tannert*, Mittheilgn. a. d. Stadtarchiv v. Köln Heft 1 (1882) S. 55 ff.

61) Im Anfange der Regierung Engelberts brach zwischen den Geschlechtern und den Zünften ein Streit aus, „quam cum componere non posset ob tribuum pertinaciam, quatuor milia marcarum ab eis exegit", *Caesarius von Heisterbach*, Vita Engelberti, ed. Aeg. Gelenius (Köln 1633) lib. 3 c. 37 S. 240. Ueber die Aufhebung des Stadtrathes durch den Erzbischofs *K. Hegel*, Chroniken der deutsch. Städte Bd. 12 (Cöln 1) S. XXXVI. Wegen Engelberts Bemühungen um den Landfrieden vgl. u. a. *Levoldi* Catalog. archiepiscopor. Colon. bei *Böhmer*, Fontes rer. Germ. Bd. 2 S. 291, und *Caesarii* Vita Engelberti, *das.* S. 302, dazu *K. Zeumer*, Die deutschen Städtesteuern im 12. und 13. Jahrhundert (Leipzig 1878) S. 16. Im Allgemeinen die noch immer unübertroffene Arbeit von *J. Ficker*, Engelbert der Heilige, Erzbischof von Köln und Reichsverweser (Köln 1853). — Ueber den Reliquienschrein des Heiligen s. *Aeg. Gelenius*, Preciosa hierotheca duodecim unionibus Coloniensis historiae exornata (Köln 1634); *Fr. Bock*, Der Kunst- und Reliquienschatz des Kölner Domes (Köln u. Neuss 1870) S. 43 ff.; *J. J. Merlo*, Der Engelbertusschrein im Kölner Dom und sein Verfertiger, der Goldschmied Konrad Duisbergh, Zeitschrift f. christl. Kunst Bd. 1 (1888) Sp. 59 ff. Beiläufig zu bemerken ist noch, dass schon am 13. Januar 1226 der St. Katharinen-Altar beim Grabe Engelberts mit einem Ablasse ausgestattet wird, *E. Winkelmann*, Acta imperii inedita saeculi XIII (Innsbruck 1880) no. 607.

62) Heinrich von Molenark bestätigt alsbald nach seiner Konsekration [20. September 1226] der Stadt alle Rechte, die sie vor Engelbert besessen und setzt für streitige Punkte das Schöffenkollegium als Schiedsgericht ein. Es ist bezeichnend, dass er sogar den Wortlaut des Privilegs, anscheinend auf Verlangen der Bürgerschaft, abändert. Während die erste Ausfertigung beginnt: „Licet omnibus subiectis nostris ex debito officii et regiminis nostri gratiam et favorem nostrum teneamur impertiri, tamen civitati Coloniensi, que retro longis temporibus honore, libertate et iure speciali gavisa est et ab antecessoribus nostris dinoscitur honorata, cupientes providere, ipsius honoribus atque utilitatibus dignum duximus modis omnibus intendere", heisst es in der zweiten noch verbindlicher: „Dilectis fidelibus nostris iudicibus, scabinis et universis civibus Coloniensibus nos ad hoc obligavimus, quod ipsos et civitatem Coloniensem in omnibus iuribus suis, libertatibus et bonis consuetudinibus usque ad tempus electionis bone memorie predecessoris nostri archiepiscopi Engelberti ab ipsis observatis integre conservabimus", *Quellen z. Gesch. d. St. Köln* Bd. 2 no. 94 u. 95. Dass es dem Erzbischofe nicht ganz an Energie gegenüber bürgerlichen Ausschreitungen mangelte, beweisen die von *H. Cardauns*, Mon. Germ. SS. 24 S. 367 zusammengestellten Nachrichten über sein Vorgehen gegen Dietrich von der Mühlengasse, allein Streitigkeiten mit seinem Domkapitel und ein schlimmer Prozess am römischen Hofe hemmten andauernd seine

Regierungsgewalt. Die *Chron. regia Col.*, 8⁰-Ausg. S. 263 berichtet zum Jahre
1231: „Archiepiscopus Coloniensis cum capitulo sancti Petri dissentit; que dissensio
multorum malorum seminium fuit." Am 12. Dezember 1231 schreibt Papst
Gregor IX. an Heinrich: „Tu proprium ministerium inhonorans te dignitate
reddis indignum dum carni spiritum et rationem sensualitati subiciens noxiis
vanitatibus ventilaris et enecas filios quos susceperas educandos, ut taceamus
turpitudines criminosas que pudori relatui et auditui sunt horrori", Mon. Germ.,
Epistolae selectae saec. XIII. ed. *Rodenberg* Bd. 1 no. 459; vgl. *das.* no. 472,
no. 529 und besonders no. 530, die Appellation des Erzbischofs gegen seine
Richter, welche er zum Theil des Einverständnisses mit den Mördern Engelberts des Heiligen beschuldigt. Bemerkenswerth ist auch das Gedicht „De
quodam presule diffamato et accusato super incontinencia et dilapidacione",
herausgegeben von *E. Winkelmann*, Monatsschr. f. d. Gesch. Westdeutschlands Bd. 4 (1878) S. 340.

63) Eine vortreffliche Darstellung der Vorgänge giebt *H. Cardauns*, Konrad von Hostaden, Erzbischof von Köln 1238—61 (Köln 1880) S. 87 ff.
Aus der früheren Litteratur über Konrad ist zu nennen *G. E. Hamm*, Con-
radus ab Hochsteden comes, Coloniensium et Ubio-Agrippinensium archiep.
(Köln 1771); *H. v. Sybel*, Erzbischof Konrad v. Hochstaden und die Bürgerschaft von Köln, Niederrhein. Jahrbuch Bd. 1 (Bonn 1843) S. 121 ff.; *J. Burckhardt*, Konrad von Hochstaden (Köln 1843); *J. Decker*, Konrad v. Hochstaden
(Freiburg. Diss., Bonn 1870).

64) Den Heldenmuth und die hervorragende Kriegstüchtigkeit der Kölner
Jugend rühmt schon *Ekkehard von Aura*, Chron. univers., Mon. Germ. SS. 6
S. 236, besonders aber die *Chron. regia Colon.*, *Recens. II*, 8⁰-Ausg. S. 53 ff.
in ihrer ausführlichen Schilderung der Kämpfe von 1114: „Imperator memor
iniuriarum suarum in Colonienses, et illam florentissimam tocius Gallie et
Germanie civitatem, toto etiam orbi famosissimam, aut extenuare aut obfus-
care toto conatu deliberans, Divitense castrum [*Deutz*] obsidere et ever-
tere venit, ut, in illo presidio collocato, commeatus navium a Coloniensibus
arceret. Colonienses, coacto in unum delecte iuventutis copioso apparatu,
cum valida manu sagittariorum Renum transmeant et aciebus ordinatis virili
exspectacione imperatoris impetum excipere non dubitant. Quorum auda-
ciam imperator considerans bellum usque ad vesperum satagit protra-
here. Verum loco non cedentibus adversariis, sed immobiliter persistenti-
bus, satius arbitratur campo cedere quam male pugnare. Tertio post hinc
bello in campis Anturnacensium valido apparatu congrediuntur, ubi Colonienses, sicut solebant, victores efficiuntur. Diu anceps bellum agitur.
Tandem Coloniensium lectissima iuventus efferata in hostem aut vincere aut
mori deliberat, et gravissima cede debachata, adversarios fugere coartat."

69) Ueber die Einnahme von Lissabon u. a. *Chron. regia Col.*, De Ulixi-
bona capta, 8⁰-Ausg. S. 84 ff.; Ex *Osberni* libello de expugnatione Lyxbo-
nensi, Mon. Germ. SS. 27 S. 6 ff.; Brief des Priesters Dudechin an den Abt
Kuno von Disibodenberg in den *Annales Disibodenbergenses*, zum J. 1147 erwähnt bei *Böhmer*, Fontes rer. Germ. Bd. 3 S. 212; dazu u. a. *R. Röhricht*,
Beiträge zur Gesch. der Kreuzzüge Bd. 2 (Berlin 1874) S. 80 ff.; *O. Cosack*,

Die Eroberung von Lissabon (Halle, Diss. 1875); *W. Bernhardi*, Konrad III. (Jahrbb. d. deutsch. Gesch.) Bd. 2 (Leipzig 1883) S. 579 ff.

66) Nach dem folgenreichen Siege vom 29. Mai 1167 berichtet Erzbischof Reinald in die Heimath: „Illustres milites Colonienses, numero centum et sex, auxilium beati Petri cum summo clamore invocantes sicut fulgur advolarunt tantaque fortitudine innumerabilem illam multitudinem usque ad tentoria et tandem per ipsa tentoria perpulerunt, ut non solum homines sed ipse coelestis exercitus pro nobis ibi dimicasse credatur", *Quellen z. G. d. St. Köln* Bd. 1 S. 553; zunächst ist hier freilich an die Ritterschaft des Erzstiftes zu denken. Vgl. *J. Ficker*, Reinald v. Dassel S. 108 ff.; *A. Kaufmann*, Caesarius v. Heisterbach S. 52 ff.

67) In der grossen Kreuzzugsbulle vom 22. April 1213 „Quia maior nunc instat" ernennt Papst Innocenz III. den Kölner Scholaster Oliverius und den Bonner Dechanten Hermann zu seinen Vertretern für die Kirchenprovinz Köln, *Qu. z. G. d. St. Köln* Bd. 2 no. 42 [sehr schlechter Druck, vgl. *H. Finke*, Die Papsturkunden Westfalens Bd. 1 (Münster 1888) no. 235]; s. auch die Bullen vom 8. Januar 1216 „Vos qui elegistis dominum" und vom 27. Januar 1217 „Gratias agimus deo nostro" bei *Finke*, a. a. O. no. 241 und 250, *Qu. z. G. d. St. Köln* Bd. 2 no. 50 und 55. Nach dem Falle von Damiette am 5. November 1219 preist Oliverius in einem Briefe an Erzbischof Engelbert die Verdienste der Kölner: „Letare specialiter provintia Coloniensis, exulta et lauda, quoniam in navibus, in instrumentis bellicis, bellatoribus, armis, pecunia, victualibus maius auxilium tulisti quam residuum totius regni Theutonici. Tu Colonia, civitas sanctorum, ut quae in hortis rosarum martyrum, liliorum virginum, violarum confessorum, nunc pace temporali per venerabilem archiepiscopum gaudens, habitas, pro devotione filiarum tuarum flecte genua cordis tui coram altissimo qui vitae et mortis habet imperium", bei *Aeg. Gelenius*, Vita s. Engelberti S. 332 ff.; gekürzt in *G. Waitz'* 8⁰-Ausg. der *Chron. regia Colon.* S. 339; vgl. *Ficker*, Engelbert der Heilige S. 142 ff. Ueber Oliverius s. *W. Junkmann*, Magister Oliverius Scholastikus, Kathol. Zeitschr. Bd. 1 (Münster 1851) S. 99 ff. und S. 205 ff.; *Fr. Zarncke*, Ueber Olivers Historia Damiatina, Berichte der kgl. Sächs. Gesellsch. d. Wissensch. 1875, Phil.-hist. Kl. S. 138 ff.; *H. Hoogeweg*, Der Kölner Domscholaster Oliver als Kreuzprediger 1214—17, Westdeutsche Zeitschr. Bd. 7 (1888) S. 235 ff. „Eine korrekte und zugängliche Gesammtausgabe der Schriften Olivers, die des Verfassers, wie des Inhalts wegen" nach *J. Ficker's* Worten „als eine Ehrenpflicht für Rheinland und Westfalen erscheinen muss", besitzen wir immer noch nicht. Ebenso ist *J. F. Böhmer's* Hoffnung, dass *A. Kaufmann* ähnlich wie den Caesarius von Heisterbach auch Oliver behandeln werde, bisher unerfüllt geblieben. — Ich erinnere noch daran, dass auch der Kinderkreuzzug seinen Ausgang von der Kölner Diözese nahm, vgl. z. B. *Chronicon Ebersheimense* zum Jahre 1212, Mon. Germ. SS. 23 S. 450: „Quidam puerulus, Nicolaus nomine, veniens a pago Coloniensi." — Treffliche Ausführungen über Kölns Beziehungen zum Orient geben *R. Röhricht* und *H. Meisner*, Ein niederrhein. Bericht über den Orient, Zeitschr. f. deutsche Philologie Bd. 19 (1886) S. 1 ff.

68) Am 15. Juli 1239 dankt Erzbischof Konrad den Kölnern, dass sie ihm

„non ex debite verum potius contra consuetudinem et iura civitatis de libera voluntate et mera liberalitate armata manu non tantum infra, verum etiam extra muros patenter assisterent et potenter", *Qu. z. Gesch. d. St. Köln* Bd. 2 no. 197; ähnlich am 27. Juli 1240, *das.* no. 204. Vgl. dazu *H. Cardauns,* Konrad v. Hostaden S. 93.

69) Urkunden über solche Schutzverträge sind erst von der Mitte des Jahrhunderts ab erhalten. Die Einigung mit dem Grafen Adolf von Berg vom 8. März 1250 bezieht sich noch im Wesentlichen nur auf Sicherung des Handelsverkehres, *Qu. z. Gesch. d. St. Köln* Bd. 2 no. 293; ähnlich das Abkommen mit Wilhelm IV. von Jülich vom 23. August 1251, *das.* no. 299, wenngleich hier der, auch von *Cardauns,* Konrad v. Hostaden S. 72 hervorgehobene, Zusatz in deutscher Sprache eine weitere Bedeutung haben mag. Am 1. März 1252 dagegen erklärt der Jülicher ausdrücklich, in Gemeinschaft mit der Stadt den Uebergriffen des Erzbischofs in Münzsachen auch mit Gewalt entgegen treten zu wollen: „Ad defendendam eandem iniuriam eidem civitati viriliter et fideliter assistemus nec ullam composicionem vel treugas inibimus cum archiepiscopo memorato sine consensu et voluntate civitatis Coloniensis. Insuper quicquid nos per rapinam, captivitates seu per exactiones cum nostris coadiutoribus mediantibus civibus Coloniensibus lucrati fuerimus, nos et civitas equaliter dividemus", *a. a. O.* no. 303. Ein Neutralitätsvertrag mit Berg wurde am 14. Oktober 1257 geschlossen, *a. a. O.* no. 449. Im Sommer desselben Jahres folgen die Herren von Löwenberg, von Frenz und von Merode, der Herzog von Limburg und der Graf von Katzenelnbogen, *a. a. O.* no. 451—57, im nächsten Jahre die von Reifferscheid und von Isenburg, no. 470 und 471. Vgl. *Cardauns,* Konrad v. Hostaden S. 94 ff.

70) Ueber das Verhältniss Wilhelm's zu den deutschen Städten s. *A. Ulrich,* Gesch. des röm. Königs Wilhelm v. Holland (Göttingen, Diss. 1882) S. 20 ff. und besonders *Th. Hasse,* König Wilhelm v. Holland (Strassburg 1885) S. 20 ff. und S. 100 ff., an letzterer Stelle vorzüglich mit Rücksicht auf Köln. Ueber den rheinischen Bund vgl. das veraltete, aber mit viel Wärme geschriebene Buch von *K. A. Schaab,* Gesch. d. grossen rheinischen Städtebundes gestiftet zu Mainz im Jahre 1254 durch Arnold Walpod (Mainz 1843 ff.) und die neueren Untersuchungen von *A. Busson,* Zur Gesch. d. gross. Landfriedensbundes deutscher Städte (Innsbruck 1874); *J. Weizsäcker,* Der rheinische Bund 1254 (Tübingen 1879); *Fr. Zurbonsen,* Der Westfälische Städtebund von 1253 bis zum Territorialfrieden von 1298 (Münster, Diss. 1881), besonders S. 13 ff.; *ders.,* Der rhein. Landfriedensbund von 1254 im deutschen Norden und in den Niederlanden, Forschgn. zur deutsch. Gesch. Bd. 23 (1883) S. 289 ff.; *ders.,* Westdeutsche Zeitschr. Bd. 2 (1883) S. 40 ff.; *L. Quidde,* Studien z. Gesch. des rhein. Landfriedensbundes 1254 (Frankfurt 1885). Vor allem verdienen Beachtung die Erörterungen von *O. Hintze,* Das Königthum Wilhelms von Holland (Leipzig 1885) S. 154 ff. und S. 187 ff., nach denen Köln an der Spitze des Bundes stand und alle Aufnahmen neuer Mitglieder vollzog. Die Bundesurkunden und Beitrittserklärungen, deren Originale im Stadtarchiv zu Köln beruhen, sind unter Hervorhebung der überein-

stimmenden Wendungen verzeichnet in den *Mittheilgn. a. d. Stadtarch. v. Köln* Heft 3 (1883) no. 196 und 200—227.

71) Der Schiedspruch, auch äusserlich eine „Magna charta", ist gedruckt u. a. *Qu. z. ,G. d. St. Köln* Bd. 2 no. 384. Den Inhalt erläutern vortrefflich *Cardauns*, Konrad v. Hostaden S. 99 ff. und *Lamprecht*, Skizzen z. Rhein. Gesch. S. 131 ff.

72) Vgl. die Urkunden vom 24. März und vom 17. April 1259, *Qu. z. G. d. St. Köln* Bd. 2 no. 393 und 394; dazu *Gottfried Hagen's* Reimchronik, Chron. d. deutsch. Städte Bd. 12 (Cöln 1) S. 57 V. 1246 ff. und die Darstellung bei *Cardauns*, Konrad v. Hostaden S. 104 ff.; *Lamprecht*, Skizzen S. 135 ff. Wie die Vorgänge bei den Geschlechtern aufgefasst wurden, zeigt eine Urkunde der aristokratischen Mühlenerben aus der ersten Zeit Siegfried's von Westerburg: „Sane accidit", heisst es dort, „quod fraternitates et populares civitatis Coloniensis maiores suos, providos utique gubernatores reipublice, dedignantes solitoque eorum regimini subesse nolentes, quidam ex eis protervitatis instinctu, aliqui fortassis improvidi, nonnulli promissis et blandiciis seducti, se contra eos et nos eciam, qui de ipsorum sanguine fuimus, confictis occasionibus pluribus erexerunt, ita quod quibusdam ex ipsis maioribus et ex nobis a suis officiis repulsis, quibusdam ab ipsa civitate exclusis, omnino se procuraverunt in officia eorum institui et de regimine civitatis intromittere maliciosis ausibus presumpserunt", *Qu. z. G. d. St. Köln* Bd. 1 S. 323.

73) Auch für das folgende ist *Gottfried Hagen's* Reimchronik, das „*boich van der stede Colne*" die Hauptquelle; sie wurde schon zu einem grossen Theile abgedruckt bei *G. E. Hamm*, Engelbertus comes a Falckenburg, Colon. et Ubio-Agrippinens. archiepiscopus (Köln 1771); sodann erschien: Des Meisters Godefrit Hagen der Zeit Stadtschreibers Reimchronik der Stadt Cöln etc. herausg. von *E. v. Groote* (Cöln 1834). Eine Volksausgabe veranstaltete *H. Lempertz* (Köln [1847]). Allen wissenschaftlichen Anforderungen ist jetzt genügt durch die Ausgabe von *H. Cardauns* in den Chron. d. deutsch. Städte Bd. 12 (Cöln 1). Urkundliche Nachrichten über die Persönlichkeit des Verfassers liefert *J. J. Merlo*, Meister Godefrit Hagene, Bonner Jahrbb. Bd. 59 (1876) S. 114 ff., Ergänzungen *das.* Bd. 75 (1883) S. 79 ff. — Die Anschauung der Zeitgenossen über Engelbert von Falkenburg und seine Handlungsweise kommt sehr deutlich zum Ausdrucke, wenn am 23. Oktober 1267, nach seiner Gefangennahme durch den Grafen von Jülich, die Geistlichkeit der Diözese von ihrem Oberhirten sagt: „Nobis inconsultis, in preiudicium facte composicionis inter ipsum et dictum comitem et cives Colonienses et turbacionem pacis communis, ipsum comitem diffidavit, terram ipsius armata manu invasit eamque irrecuperabiliter rapinis et incendiis devastavit; cuius invasioni idem comes pro viribus se opponens . . ipsum dominum nostrum archiepiscopum tamquam militem armis preparatum ad pugnam, sicut notorium est toti terre, cum quibusdam suis complicibus captivavit", *Qu. z. G. d. St. Köln* Bd. 2 S. 547 f. Bezeichnend ist auch die später entstandene Sage vom Löwenkampfe des Bürgermeisters Grin, sog. *Koelhoff'sche Chronik* v. 1499, Chron. d. deutsch. Städte Bd. 13 (Cöln 2) S. 593; vgl. darüber *H. Cardauns*, Kölner Bischofssagen, Monatsschr. f. rhein.-westf. Geschichtsforschg

Bd. 1 (1875) S. 85 ff. Bei *G. E. Hamm* a. a. O. S. 298 heisst Engelbert „acerrimus libertatis civicae Ubio-Agrippinensium oppugnator". — Ueber die Ereignisse im Allgemeinen s. die lebendige Darstellung von *K. Lamprecht,* Skizzen S. 137 ff.

74) Der Ueberfall an der Ulrepforte erfolgte „in der hilliger Moiren nacht", also am Vorabende des 15. Oktober, des Festes der maurischen Martyrer (jetzt in der Kölner Diözese auf den 22. Oktober verlegt). Dass 1 2 6 8 (nicht, wie spätere Chronisten wollen, 1269) das richtige Jahr ist, beweisen u. a. *J. Janssen,* Annalen d. hist. Ver. f. d. Niederrh. Heft 1 (1855) S. 221; *Ennen,* Gesch. d. St. Köln Bd. 2 S. 199; *Cardauns,* Chroniken d. deutsch. Städte Bd. 12 (Cöln 1) S. 230 ff. In die Hände der Bürger fiel damals auch Herzog Walram von Limburg; vgl. die Bürgschaftsurkunde für ihn vom 28. Januar 1269, *Qu. z. G. d. St. Köln* Bd. 2 no. 507. Ueber das Eintreten der städtischen Schutzheiligen für die Bürgerschaft berichten die *Kölner Jahrbücher, Rec. D,* Chron. d. dtsch. St. Bd. 13 S. 128: „Der duvel brach ein deil heren de helse, de stat van Colne wart is wise .. Got der here der offende deme herzogen [*! erst seit 1417*] van Cleve sine ougen, dat hei sach op der stat Coelne portzmuiren de bilge Moire ind de hilgen eilfdusent megde mit eren vanen ind mit crucen ind gebenediden ere stat Coelne ind ouch ir burgere." *Gottfried Hagen,* a. a. O. Bd. 12 S. 133 ff. V. 3903 ff. erzählt dieses Gesicht zum J. 1265, ebenso *Koelhoff'sche Chronik,* a. a. O. Bd. 13 S. 627. Bis auf den heutigen Tag wird das Andenken an das Ereigniss durch ein, vor wenigen Jahren erneuertes, Denkmal im südlichen Theile der alten Stadtmauer festgehalten, s. die Abbildung in dem Prachtwerke *Köln u. seine Bauten,* Festschrift z. VIII. Wander-Versammlung d. Verband. deutscher Architekten- u. Ingenieur-Vereine (Köln 1888) S. 336 ff.

75) *K. Lamprecht,* Skizzen S. 144. Die Sühne kam am 16. April 1271 zu Stande, *Lacomblet,* Urkb. Bd. 2 no. 607; bis dahin hatte Engelbert auf dem Schlosse Nideggen in Haft gesessen, mehr denn drei Jahre lang.

76) *H. Lenfers,* De Sifrido II. archiepiscopo et principe Coloniensi (Münster, Diss. 1857). Die Arbeit wird trotz allem Fleisse der grossen Bedeutung dieses Fürsten nicht gerecht.

77) Die Mühlenerben feiern Siegfried bald nach seinem Regierungsantritte als „relatorem commodi pacis et concordie civitatis et civium Coloniensium .. et ad salubrem statum tam maiorum quam aliorum omnium civium Coloniensium aspirantem", *Qu. z. G. d. St. Köln* Bd. 1 S. 324.

78) Im Jahre 1277 waren die Beziehungen der Stadt zum Erzbischofe die denkbar besten; vom 3. Oktober ab leistete sie ihm sogar Hilfe gegen ihren Erbfeind, den Grafen von Jülich, bei der Zerstörung von Festungswerken zu Worringen, s. den Vertrag vom 29. November 1276, *Qu. z. G. d. St. Köln* Bd. 3 no. 141; *Annales Agrippinenses,* Mon. Germ. SS. 16 S. 736 zum J. 1277: „[Archiepiscopus] in die Ewaldorum obsedit castrum comitis Iuliacensis in Wuring et cepit illud tercia die post Gereonis (*13. Oktober*)." Beachtung verdient, dass damals die Stadt Koblenz den Kölnern Zuzug leistete, s. *M. Bär,* Der Koblenzer Mauerbau, Rechnungen 1276—89 (Leipzig 1888) S. 38 und S. 65 ff. Auch am 1. Februar 1288 erweist sich Siegfried

der Stadt noch freundlich in Münzangelegenheiten, *Qu. z. G. d. St. Köln* Bd. 3
no. 293, am 13. April aber schliesst diese schon ihre Verträge mit Brabant
und Jülich, *das.* no. 298.

79) Nachrichten über die Schlacht bei Worringen geben zahlreiche
gleichzeitige Schriftsteller. Besonders bemerkenswerth ist die grosse, 9000
Verse zählende Reimchronik des *Jan van Heelu,* hrsg. von *J. F. Willems*
(Collection de chroniques Belges, Brüssel 1836); *Heinrich von Herford* theilt
in seinem Liber de rebus memorabilioribus, hrsg. von *A. Potthast* (Göttingen 1859) S. 212 die Aufzeichnung aus einem Messbuche zu Worringen mit:
„Ibi 1100 in bello mortui sunt et post bellum de captivis et in bello lesis
700. Comes Adolfus de Monte cepit archiepiscopum Syfridum et vix in vita
conservavit a tumultu. Henricus comes [*de Luzlinburg*] et Walrammus frater
eius perierunt ibidem et alii quam plurimi et nobiles et milites et militares. De
non nominatis et ignotis sepulti sunt in cimiterio Woring apud sepem in quodam
cellario 600. Et horum memoria singulis annis agitur in Woring ad pro-
curationem ducis Brabancie." Die Betheiligung der Bürger am Kampfe wird
nicht überall gleichmässig hervorgehoben. Selbst die um 1330 abgeschlossene
Kölner Fortsetzung des *Martin v. Troppau,* Chron. regia Col. ed. *Waitz,* 8°-
Ausg. S. 358 ff. gedenkt ihrer nur beiläufig: „Dux (Brabancie) insuper et
cives Colonienses magnis sibi preciis confederat"; „Dominus papa, com-
perto, quod Colonienses fautores et adiutores in deieccionem archiepiscopi
fuerant, Coloniam per aliquot annos posuit sub interdicto"; *Anonymi chronicon archiepiscopor. Colon.* abgeschlossen 1369, bei *Würdtwein,* Nova subsidia diplom. Bd. 12 S. 336, nennt sie unter den Verbündeten des Brabanters
an letzter Stelle und fügt hinzu: „Illi pauciores erant aliis quoad numerum
equitum, multitudine vero peditum habundabant." Die *Altaicher Annalen,*
Mon. Germ. SS. 17 S. 414 sagen dagegen geradezu: „Dux Brabantie devicit
cum auxilio civium." In späteren Darstellungen vergrössert sich der Erfolg
in's Ungeheuerliche; so wissen die *Annales Ensdorfenses* aus der Mitte des
14. Jahrhdts., Mon. Germ. SS. 10 S. 6 zu erzählen: „Ceciderunt una die
octo milia hominum, ipse quoque episcopus et sui capitanei et comites occi-
duntur." Dass die Bürgerschaft selber die Niederlage des Erzbischofes als
einen Sieg ihrer guten Sache auffasste, bezeugte sie durch die Errichtung
einer Kapelle zu Ehren des h. Bonifatius auf erzbischöflichem Grund und
Boden, vgl. die Urkunde vom 4. Juni 1310, *Qu. z. G. d. St. Köln* Bd. 3 no. 574.
Gleichwohl besitzt Worringen nicht dieselbe Bedeutung für Köln wie etwa
Hausbergen für Strassburg. — Aus der Litteratur nenne ich: [*N.*], Die Schlacht
und der Sieg bei Worringen i. J. 1288. Durch einige patriot. Freunde ihrer
Vaterstadt Kölns (!) vorgestellt i. J. 1821 [zum Theil plattkölnische Verse
zu lebenden Bildern]; *A. Voisin,* La bataille de Woeringen. Récit histori-
que [mit einem Stiche nach dem Bilde *de Keyzer's* (3. Aufl., Brüssel 1839)];
K. F. Stallaert, Geschiedenis van hertog Jan I. van Brabant Bd. 1 (Gent 1859);
S. 163 ff., 218 ff.; *A. Wauters,* Le duc Jean I. et le Brabant sous le règne
de ce prince (Brüssel 1862); *W. Herchenbach* und *H. A. Reuland,* Gesch. d.
Limburger Erbfolgestreites. Die Schlacht bei Worringen und die Erhebung
Düsseldorfs zur Stadt (Düsseldorf 1883), sehr volksthümlich; *H. Schwarz,*

Köln. Zeitg. vom 5. Juni 1888. — Die Sühne zwischen der Stadt und dem Erzbischofe wurde am 18. Juni 1289 geschlossen, *Lacomblet*, Urkb. Bd. 2 no. 868 und 870.

80) Wikbold von Holte, ein betagter Mann, wurde am 14. September 1297 inthronisirt, am 21. März 1298 schloss er einen Freundschaftsvertrag mit der Stadt und befreite sie von Bann und Interdikt, *Qu. z. G. d. St. Köln* Bd. 3 no. 459 und 460; *Notae Colonienses*, Mon. Germ. SS. 24 S. 365; *Martini contin. Colon.*, Chron. reg. Col., 8⁰-Ausg. S. 361.

81) Ueber den „römischen" Ursprung des Kölner Patriziats fabelt u. a. die *Koelhoff'*sche Chronik v. 1499, Orig.-Ausg. Bl. 57ᵇ ff.; Chron. d. dtsch. Städte Bd. 13 (Cöln 2) S. 320 ff. und noch *Aeg. Gelenius*, De admiranda magnitud. Coloniae (1645) S. 117 ff.; vgl. dagegen *A. Fahne*, Gesch. d. Kölnischen, Jülich. und Berg. Geschlechter (Köln 1848); besonders aber *K. H. Frhr. Roth v. Schreckenstein*, Das Patriziat in den deutschen Städten (Freiburg 1856); *ders.*, Die Ritterwürde u. der Ritterstand (Freiburg 1886).

82) *J. Caesar*, De bello Gallico lib. 4 c. 3: „Ubii, quorum fuit civitas ampla atque florens, ut est captus Germanorum, et paulo sunt eiusdem generis ceteris humaniores, propterea quod Rhenum attingunt multumque ad eos mercatores ventitant et ipsi propter propinquitatem Gallicis moribus sunt assuefacti." *Ibid.* c. 16: „Ubii autem .. magnopere orabant, ut Caesar sibi auxilium ferret .. vel si id facere occupationibus reipublicae prohiberetur, exercitum modo Rhenum transportaret. Navium magnam copiam ad transportandum exercitum pollicebantur." Vgl. dazu u. a. *J. G. Kohl*, Der Rhein Bd. 2 S. 165.

83) S. oben Anm. 45—51.

84) Das Stapelrecht ist gedruckt u. a. *Lacomblet*, Urkb. Bd. 2 no. 469, wiederholt *Qu. z. G. d. St. Köln* Bd. 2 no. 396. Die wichtigsten Sätze lauten in knappem Auszuge: „Nullus mercatorum de Ungaria et quibuscumque aliis orientalibus partibus cum mercibus ad Renum veniens extra atque ultra civitatem Coloniensem excepta sola causa peregrinationis procedet. Neque etiam ullus Flamingus vel Brabantinus aut alius quicumque de ultra Mosam vel aliarum parcium inferiorum causa mercandi ulterius quam in Coloniam et non trans Renum neque versus partes superiores ultra villam Rodinkirchen procedet. Nullus mercatorum de superioribus partibus extra dyocesin Col. ultra inferiorem turrim civitatis Col. vel saltem ultra villam Ryle causa mercandi procedet. Quicumque autem secus facere vel fecisse ab aliquo cive Col. fuerit deprehensus, ab ipso arrestari et puniri poterit more antiquo secundum quod vulgo *hansin* vocatur, quod taliter fieri consuevit, quod civis Col. mercatorem deprehensum calamo vel iunco vel aliquo consimili ligamento ligabit, et si ille hoc vinculum solvere presumpserit, tam corpore quam rebus in potestatem incidit civis. Nullus mercator debet diucius quam sex septimanis continuis in civitate Col. causa emendi seu vendendi morari, et hoc in quolibet anno non plus quam tribus temporibus cum usitatis intersticiis licebit. Nullus mercatorum varium quod *grawerc* et etiam hoc quod vulgo *zabel* appellatur et similia vel pannum transmosanum duas marcas vel plus valentem vendet, nisi per marcam mercatorum [*koufmans*-

marc = 11 sol. 3 δ]. Nullus species aromaticas, utpote muschatas, gariofolos [*Gewürznelken*], cardemomum et consimilia preterquam ad minus in pondere decem librarum vendet nec merces, que *sachave* appellantur, utpote thus, alumen et consimilia cum pondere centenario et ad minus cum pondere 25 talentorum vendere debet. Qûicumque civis Col. pro mercibus suis argentum acceperit, illud non alias quam ad monetam nostram Col. cambire seu vendere pro denariis debet, nec argentum emere debet nisi ad vasa ac utensilia et clenodia facienda seu ad speciem anagliffi vel causa peregrinationis faciende, exceptis aurifabris Col. qui argentum emere possunt, quantum eorum officium sufficit et opus requirit. Nullus mercator extraneus cum suis mercimoniis vel denariis argentum in Colonia comparabit, sed excepti et immunes sunt universi aurifabri et mercatores gemmarum de quibuscunque sint partibus oriundi." Ueber das Kölner Stapelrecht im allgemeinen vgl. *G. E. Hamm*, Stapula Ubio-Agrippinensis (Köln 1774); dagegen richtete sich *J. W. Windscheid*, Commentatio de Stapula qua praecipue ducatibus Juliae et Montium libertas navigandi et commercandi in Rheno contra iniustas Agrippinatum molitiones vindicatur (Düsseldorf 1775), und mit Rücksicht auf ein besonderes Vorkommniss [*N.*], Warhaffte Beschreibung des Stadtkölnischen Stapels (Düsseldorf [1776]); *H. Cardauns*, Konrad von Hostaden S. 108; *Höhlbaum*, Hansisches Urkb. Bd. 3 S. 295 Anm. 4 unten. — Ueber den Verkehr mit Ungarn u. a. die Vergünstigungen des Königs Ludwig I. von Ungarn für die Kaufleute von Köln, Huy und anderen rheinischen Gegenden vom 13. Mai 1344 und vom 10. März 1345 bei *Lacomblet*, Urkb. Bd. 3 no. 403 und 421; ein serbischer Denar aus der 1. Hälfte des 13. Jahrhunderts wurde auf der Landskrone an der Ahr gefunden, *E. de Claer*, Monatsschr. f. rhein.-westfäl. Geschforschg. Bd. 2 (1876) S. 300.

85) Im J. 1280 bestanden kölnische Handelsniederlassungen in der kleinen dänischen Stadt Nestved auf der Insel Seeland, vgl. *R. Hoeniger*, Annalen d. hist. Ver. f. d. Niederrh. Heft 46 (1886) S. 89 ff. Aus Münzfunden, welche bei *H. Dannenberg*, Die deutsch. Münzen d. sächs. u. fränk. Zeit (Berlin 1876) Bd. 1 S. 49 ff., 166 u. 499 verzeichnet sind, schliesst *G. Schnürer*, Piligrim Erzbischof v. Köln S. 88, dass bereits vor der Mitte des 11. Jahrhunderts kölnische Kaufleute in Enner (Dänemark), Egersund (Norwegen), Oster-Larskjer (auf Bornholm), Farve (Holstein), Bröholt, Selsoe (Seeland), Piep (Esthland) verkehrten; dagegen erhebt jedoch Bedenken *Höhlbaum*, Hansisches Urkb. Bd. 3 S. 393 Anm. 1.

86) Im Oktober 1228 bescheinigen Kaufleute von Siena „quod iudices, scabini et tota comunia civitatis Coloniensis olim tenebantur nobis in 300 marchis sterlingorum de quibus debuerunt solvere nobis 150 marchas in nundinis sancti Aygulfi in Pruvino apud Pruvinum que fuerunt anno domini MCC vicesimo sexto, et alias 150 in nundinis Barri que fuerunt anno predicto"; um Ostern des folgenden Jahres quittiren andere Sieneser über eine zu Bar-le-Duc erfolgte Rückzahlung von 312 Mark, *Qu. z. G. d. St. Köln* Bd. 2 no. 108 und 107. Auch die Geldgeschäfte der Erzbischöfe mit ihren römischen Gläubigern wickelten damals zumeist in Provins, Bar-le-Duc

und Troyes sich ab, vgl. u. a. die Urkunden bei *Ficker*, Engelbert der Heilige S. 322, 324, 328 ff.

87) Ueber Kölns Handel mit Venedig s. *L. Ennen*, Monatsschrift f. rhein.-westfäl. Geschforschg. Bd. 1 (1875) S. 105 ff.; *W. Heyd*, Geschichte des Levantehandels im Mittelalter Bd. 2 (Stuttgart 1879) S. 720 ff.; vor allem jetzt *H. Simonsfeld*, Der Fondaco dei Tedeschi in Venedig und die deutschvenetian. Handelsbeziehungen (Stuttgart 1887), besonders Bd. 2 S. 69 ff. Sehr bemerkenswerth ist die Schilderung bei *Arnold v. Harff*, Pilgerfahrt, hrsg. v. *E. v. Groote* (Köln 1860) S. 41 ff. — Ueber den Verkehr mit Genua sind wir nur mangelhaft unterrichtet, im allgemeinen vgl. *W. Heyd*, Forschungen z. deutsch. Gesch. Bd. 24 (1884). — Aus dem 15. Jahrhundert sind Niederlassungen kölnischer Kaufleute bezeugt in Saragossa, *Stadtarchiv Köln, Kopienbücher* Bd. 23a Bl. 128b für 1456; Coruña, *das.* Bd. 32 Bl. 279b, Bd. 33 Bl. 90b—92b und 162b für 1480—82; Messina, *das.* Bd. 30 Bl. 26 für 1473; Neapel, *das.* Bd. 31 Bl. 236b für 1477; Sicilien und Neapel, *das.* Bd. 32 Bl. 300b für 1481.

88) Ueber Köln als Mittelpunkt des rheinischen Weinhandels s. u. a. *K. Lamprecht*, Deutsches Wirtschaftsleben im Mittelalter Bd. 2 (Leipzig 1885) S. 324 ff.; Satzungen und Mitgliederverzeichnisse der Weinbruderschaft *Qu. z. G. d. St. Köln* Bd. 1 S. 155 ff.; allgemeine Bestimmungen des Rathes über Weinhandel *das.* S. 130; Befugnisse der Rheinmeister (aus dem Eidbuche von 1341) *das.* S. 28; über Gewürzhandel s. d. Bestimmungen des Stapelrechtes von 1259, oben Anm. 84; über Vertrieb von Spezereien nach England auf dem Rheinwege *W. Heyd*, Histoire du commerce du Levant au moyen-âge Bd. 1 (Paris 1887) S. 87 ff.; im allgemeinen *T. Geering*, Handel und Industrie der Stadt Basel (Basel 1886) S. 235 ff., 415, 495 u. ö.; *ders.*, Kölns Colonialwaarenhandel vor 400 Jahren, Mitthlgn. a. d. Stadtarch. v. Köln Heft 11 S. 41 ff.

89) *Qu. z. G. d. St. Köln* Bd. 1 S. 335 ff., besonders S. 338 ff. das Buch „der bruderschaf der heren der gewantsneder under den gedemen", welches patrizische Namen wie Mommersloch, Overstolz, Hardevust, Birkelin aufweist.

90) Das älteste, vor 1129 verfasste Stadtrecht von Strassburg bestimmt: „Ad ius burcgravii spectat, quedam thelonea accipere, ut gladiorum, qui vaginis inclusi portantur in foro venales, aliorum autem qui in navibus de Colonia vel undecunque portantur, theloneum accipiet thelonearius", *Urkb. der St. Strassburg* Bd. 1 (Strassburg 1879) S. 470 §. 47. Auch bei *Matthaeus Paris*. Mon. Germ. SS. 28 S. 218 Anm. 33 begegnen „gladii Colonienses". Stellen aus englischen und französischen Dichtungen giebt *A. Kaufmann*, Caesarius v. Heisterbach S. 48, doch ist zu bemerken, dass die Stahlbereitung selbst nicht in Köln stattfand, dass der Name der Stadt vielmehr im Auslande nur die Gebiete der uralten bergischen und märkischen Eisenindustrie bezeichnete, vgl. auch *A. Thun*, Die Industrie am Niederrhein, 2. Theil (Leipzig 1879) S. 1 ff., S. 11 ff. u. ö. Ueber die Kölner Sarwörter s. *J. J. Merlo*, Annalen d. hist. Ver. f. d. Niederrh. Heft 48 (1889) S. 172 ff.

91) Ueber die Kölner Goldschmiede besonders *J. J. Merlo*, Nachrichten von dem Leben u. den Werken Köln. Künstler (Köln 1850). Ein in den

Qu. z. G. d. St. Köln Bd. 6 no. 302 unvollständig abgedrucktes Verzeichniss
zählt für das eine Jahr 1395 nicht weniger als 119 Goldschmiede auf. — Vgl.
Brief der St. Köln an Barcelona vom 8. Oktober 1456, *Stadtarch. Köln, Kopienbücher* Bd. 23a Bl. 107: „Henricus de Turri aurifaber nostre civitatis incola
et civis unacum quodam Johanne de Stralen eciam Alamanno consociali suo
de civitate vestra ad Sardiniam causa ibidem eorum artificium exercendi navi-
gio transfretare cupientes a quodam pirata capti, abducti ac ad remigan-
dum dire et atrociter mancipati sunt."

92) Noch am 6. März 1469 bezeugt Karl der Kühne von Burgund „que
la cite de Coulonge estoit une notable cite, la premiere de la nacion et
pais d'Alemaigne et aussi la premiere en baillant sa doliberacion et res-
ponce aux journees et assemblees", *Stadtarch. Köln, Hanse I* no. ? —
Ueber den grossen Kölner Hansetag vom 11. bis 19. November 1367, auf
welchem das Bündniss gegen Waldemar von Dänemark geschlossen wurde,
vgl. *Hanserecesse* Bd. 1 no. 412 u. 413, auch *Qu. z. G. d. St. Köln* Bd. 4
no. 468, dazu *D. Schäfer*, Die Hansestädte und König Waldemar von Dänemark (Jena 1879) S. 431 ff.

93) Ueber den Handel Kölns im allgemeinen s. *K. D. Hüllmann*,
Städtewesen; *J. Falke*, Gesch. d. deutsch. Handels; *Lastig*, Entwickelungs-
wege u. Quellen des Handelsrechts u. a. m.; sodann *F. A. Blümeling*, Die
früheren Handelsverhältnisse Kölns (Progr. d. höh. Bürgerschule, Köln 1840
und 1845). Manches beachtenswerthe bei *J. F. Ockhart*, Geschichtl. Darstellung der frühern u. spätern Gesetzgebung über Zölle u. Handelsschifffahrt
des Rheins (Mainz 1818); werthlos ist *P. Damas*, Beiträge z. Geschichte der
deutsch. Städte z. Zeit der fränk. Kaiser (Breslau, Diss. 1879); sehr brauchbar
dagegen *P. Hellwig*, Handel u. Gewerbe der deutsch. Städte während der
sächs. Kaiserzeit (Gymnas.-Progr. Göttingen 1883); S. 11 weist *H.* die Auf-
stellung von *Nitzsch*, Ministerialität u. Bürgerthum S. 192 zurück, dass der
Kaufmannsstand jener Zeit aus „hörigen Geschäftsleuten" bestanden habe.
Ueber Märkte in Köln s. *Vita Annonis* c. 29, Mon. Germ. SS. 11 S. 478:
„Instabat aliquando paschalis festi singularis et iocunda celebritas et con-
fluentibus Coloniam non solum ex omnibus prope Renum civitatibus, sed et
de transmarinis et adhuc remotioribus provinciis absque numero populis ad
nundinas toto orbe celeberrimas, fiebat ut ex ipsa frequentia geminum Colo-
niensibus immineret tripudium"; im 12. Jahrhundert spricht der Schöffen-
brief für die Kaufleute von Verdun von „nundinis que sunt ad vincula sancti
Petri", Qu. z. G. d. St. Köln Bd. 1 no. 107; vgl. *Ennen*, Gesch. d. St. Köln
Bd. 1 S. 496 ff.; *K. Rathgen*, Die Entstehung der Märkte in Deutschland
(Strassburg, Diss. 1881), bes. S. 49; *E. Gasner*, Zum deutschen Strassenwesen
(Leipzig 1889); lehrreiche Anmerkungen bei *Höhlbaum*, Hansisches Urkb.,
vor allem Bd. 3 S. 379 ff.

94) Ueber einen bürgerlichen Prachtbau aus spätromanischer Zeit s.
E. Weyden, Das Haus Overstolz in der Rheingasse genannt Tempelhaus (Köln
1832); anderes in der Festschrift *Köln und seine Bauten* (1888).

95) Der gute Gerhard. Eine Erzählung von *Rudolf von Ems*, herausg. von
M. Haupt (Leipzig 1840); *K. Simrock*, Der gute Gerhard und die dankbaren

Todten (Bonn 1856); deutsche Bearbeitung von *K. Simrock*, D. g. G. v. Köln (2. Aufl. Stuttgart 1864); vgl. dazu *A. Kaufmann*, Caesarius von Heisterbach S. 39 ff.; *R. Köhler*, Germania Bd. 12 S. 55 ff. nimmt für den Haupttheil der Dichtung eine rabbinische, *M. Gaster*, das. Bd. 25 S. 274 ff. eine arabische Quelle an, während *Th. Benfey*, das. Bd. 12 S. 310 ff. zwei indische Fassungen nachweist; das kann jedoch die Bedeutung der deutschen Einkleidung für die Kenntniss kölnischer Zustände nicht beeinträchtigen. Auch Dietrich von der Mühlengasse in den Tagen Kaiser Friedrichs II. heisst „vir scientie laudabilis et in utroque iure peritissimus et tribus idiomatibus, Latina, Gallica, Theutonica, eloquentissimus", *Mon. Germ. SS.* 24 S. 367.

96) Die Reliquienschätze der Kölner Kirchen sind u. a. aufgezählt bei *Aeg. Gelenius*, De admiranda sacra et civili magnitudine Coloniae (Köln 1645); *E. v. Winheim*, Sacrarium Agrippinae (Köln 1736) giebt S. 355 ff. einen „Indiculus principalium sanctarum reliquiarum urbis Coloniae additis singulis, quibus in ecclesiis asservantur et venerantur diebus." — Erzbischof Reinald langte am 23. Juli 1164 mit den aus Mailand übertragenen Leibern der h. Dreikönige in Köln an, s. *J. Ficker*, Reinald von Dassel S. 67; über diese Reliquien im allgemeinen *H. Crombach*, Primitiae gentium seu historia ss. trium regum (Köln 1654); *J. Ficker*, a. a. O. S. 61 ff. und S. 127 ff.; *H. J. Floss*, Dreikönigenbuch. Die Uebertragung der h. Dreikönige von Mailand nach Köln (Köln 1864); *K. Simrock* erneuerte das alte, kurz nach 1364 entstandene Werk des Johannes von Hildesheim unter dem Titel: Die Legende von den h. Dreikönigen. Volksbuch, der Verehrung der h. Dreikönige im Dom zu Köln gewidmet (Frankfurt 1844). Vgl. *R. Röhricht* und *H. Meisner*, Zeitschr. f. deutsche Philologie Bd. 19 (1886) S. 6 ff. Die *Annales Argentinenses*, Fontes rer. Germ. Bd. 3 S. 103 berichten zum J. 1222: „De terra Persarum exercitus magnus valde et fortis per adiacentes sibi provincias transitum fecit. Dicebant quidam, quod versus Coloniam vellent ire et tres magos de gente eorum natos ibidem accipere." Diese Ueberlieferung steht im Zusammenhange mit den gerade damals neu auftauchenden Erzählungen vom Vordringen des asiatischen Erzpriesters Johannes. — Ueber einen heiligen Rock im Kloster der Weissen Frauen, der besonders die Verehrung ungarischer Wallfahrer genoss, vgl. *L. Korth*, Annalen d. hist. Ver. f. d. Niederrh. Heft 46 (1887) S. 48 ff. — Ueber die sehr merkwürdigen Beziehungen der Legende vom h. Reinolt und von den vier Heimonskindern zur Stadt Köln s. *Reinolt von Montelban*, hrsg. v. *Fr. Pfaff*, Bibl. des Litter. Ver. Bd. 174 (Stuttgart 1885), bes. S. 474 ff. und Das deutsche Volksbuch von den Heymonskindern, hrsg. v. *Fr. Pfaff* (Freiburg 1887), bes. S. LVIII—LX. Eine vollständige Anweisung zur Pilgerfart nach Köln gibt *F. Fabri*, Reyssbuch des heiligen Landes etc., vgl. *R. Röhricht* und *H. Meisner*, Deutsche Pilgerreisen nach dem heil. Lande (Berlin 1880) S. 281. Ueber die „ungarischen" (d. h. südslavischen) Pilger insbesondere *Fr. E. v. Mering* u. *L. Reischert*, Die Bischöfe und Erzbischöfe von Köln Bd. 2 (Köln 1844) S. 150 ff.; *A. Luschin v. Ebengreuth*, Die windische Wallfahrt an den Niederrhein, Monatsschr. f. d. Gesch. Westdeutschlands Bd. 4 (1878) S. 436 ff. — Pilger fürstlichen Standes waren keine Seltenheit. Bereits 1135 soll Mieczyslaus

von Polen die Kölner Heiligthümer besucht haben, s. *M. Perlbach*, Mitthlgn. aus d. Stadtarch. v. Köln Heft 2 (1883), *H. Hockenbeck*, Zeitschr. d. Histor. Gesellsch. f. d. Provinz Posen Bd. 4 (1888) S. 293 ff.; im Jahre 1337 erschien Herzog Albrecht von Oesterreich, s. *Johannes v. Viktring* lib. 6 c. 6, Fontes rer. Germ. Bd. 1 S. 427 ff.; 1338 König Eduard von England, s. *Levold v. Northoff*, Chron. comit. de Marca (ed. L. Tross, Hamm 1859) S. 188, *Kölner Jahrbücher, Rec. B*, Chron. d. dtsch. St. Bd. 13 S. 34; 1363 König Peter von Cypern, *Kölner Jahrbücher, Rec. B* a. a. O. S. 38, *Koelhoff*'sche Chronik a. a. O. Bd. 14 S. 694; 1465 der weitgereiste böhmische Edle *Leo von Rozmital*, Bibl. des Litter. Ver. Bd. 7 (Stuttgart 1844) S. 18 u. 147, u. s. w. — Die Theilnahme an den Reliquienprozessionen förderte schon Konrad von Hostaden durch eine Ablassverleihung vom 8. Juli 1243, *Qu. z. G. d. St. Köln* Bd. 2 no. 231; dazu *Cardauns*, Konrad S. 130 ff.; die Wallfahrt zu den h. Dreikönigen begünstigte Innocenz IV. am 6. April 1247, *Qu. z. G. d. St. Köln* Bd. 2 no. 256. Am 5. Januar 1397 ersuchte der Rath den Erzbischof, die Kölner Heiligthümer gleichzeitig mit denen von Aachen zur Verehrung aussetzen zu lassen „want dan dye werilt van allen landen die vurder darzo zydigen wurde", *a. a. O.* Bd. 6 no. 305. Papst Bonifaz IX. hatte bereits am 2. September 1394 für den Besuch der h. Dreikönige gleichen Ablass wie für die Pilgerfahrt nach Assisi verliehen, s. *L. Korth*, Liber privilegior. maioris ecclesie Coloniens. (Trier 1887) S. 193 no. 398. — Gegen die Entfremdung von Reliquien erwirkte sich der Rath besondere Schutzbriefe, so von Bonifaz IX. am 3. November 1393, *Q. z. G. d. St. Köln* Bd. 6 no. 64. Dennoch wurde im Winter 1462 das Haupt des h. Vincentius aus der Kirche St. Laurenz entwendet, vielleicht im Auftrage der Stadt Bern, *Stadtarch. Köln, Kopienbücher* Bd. 27 Bl. 59, 78 u. 151.

97) *J. Janssen*, J. Fr. Böhmer's Leben u. Briefe Bd. 2 S. 56.

98) Bis jetzt besitzen wir nur für wenige dieser Kirchen zuverlässige Baugeschichten und gute Beschreibungen, die meisten bei *Fr. Bock*, Rheinlands Baudenkmale, Düsseldorf [1868 ff.], einzelnes in den grösseren kunstgeschichtlichen Werken von *Fr. Kugler*, *W. Lübke*, *C. v. Lützow*, *H. Otte*, *Fr. Schnaase* u. a. Geistvolle Bemerkungen über die Kunst in Köln bietet *Fr. v. Schlegel*, Werke Bd. 6 S. 152 ff. und S. 196 ff. Vieles unhaltbare geben, ausser *Gelenius* und *Winheim* in den genannten Büchern: [*N.*], Historische Beschreibung der stadtkölnischen Collegiatstifter (Köln 1771), nach *Aeg. Gelenius*; *Fr. E. v. Mering* u. *L. Reischert*, Die Bischöfe u. Erzbischöfe von Köln, 2 Bde. (Köln 1842—44); *v. Quast*, Beiträge z. chronolog. Bestimmung der älteren Gebäude Kölns, Bonner Jahrbb. Bd. 10 u. 13; *E. Weyden*, Rückblicke auf Kölns Kunstgeschichte, Organ f. christl. Kunst Bd. 12—14 (1863 bis 1865); reich an künstlerischen Gedanken, wenn auch etwas seltsam in der Form, ist *Chr. Mohr*, Die Kirchen von Köln, ihre Gesch. u. Kunstdenkmäler (Berlin 1889); gute Abbildungen bei *Bock* und in dem schon genannten Werke *Köln und seine Bauten*, Festschrift zur VIII. Wanderversammlung des Verbandes deutscher Architekten- u. Ingenieur-Vereine (Köln 1888). — St. A p o s t e l n wird in *Ruotger's* Vita Brunonis c. 47, Mon. Germ. SS. 4 S. 273 zum J. 965 als aecclesia structura et opere humilis" erwähnt, um den Neubau haben sich später

der h. Heribert und besonders Piligrim verdient gemacht. — St. Maria im Kapitol behandeln *Aeg. Gelenius*, Par sanctorum Swibertus et Plectrudis post millenarium fere annum illustratum (Köln 1640); *J. B. D. Jost*, Die St. Marien-Kirche am Malzbüchel (Köln 1884), sehr dürftig die merkwürdigen Grabsteine in der Vorhalle *Fr. Kugler*, Kleine Schriften Bd. 2 (1853) S. 252 ff. — Ueber St. Mauritius vgl. *v. Quast*, Zeitschr. f. Archäol. u. Kunst Bd. 1 S. 235 ff.; und besonders *A. Thomas*, Gesch. der Pfarre St. Mauritius (Köln 1878); ein Modell dieser vor wenigen Jahrzehnten niedergelegten Kirche befindet sich im Historischen Museum (Hahnenthor). — Die Litteratur über den Dom ist fast unübersehbar, jedoch sind die bedeutendsten Werke von *L. Ennen* in seiner Festschrift zur Vollendung des Kölner Domes (Köln 1880) aufgeführt; nachzutragen bleibt ein gedankenreicher Vortrag von *K. Lamprecht* (Bonn 1881), wieder abgedruckt in den Skizzen z. Rhein. Gesch. S. 215 ff., *H. Cardauns*, Die Anfänge des Kölner Domes, Histor. Jahrb. d. Görres-Gesellsch. Bd. 2 (1881) S. 254 ff.; das Schriftchen von *A. v. Lasaulx*, Die Bausteine des Kölner Domes (Bonn 1882) und die sorgfältigen Untersuchungen von *J. J. Merlo* über die Dombaumeister, Bonner Jahrbb. Bd 73 S. 100 ff., Bd. 74 S. 93 ff., Bd. 75 S. 51 ff. (1882 bis 1883); ders., Zwei Denkmale Kölner Dombaumstr. a. d. XV. Jahrhundert, Zeitschr. f. christl. Kunst Bd. 1 (1888) Sp. 265 ff. Die älteren Urtheile über den Bau (G. Forster, Fr. Schlegel, J. Görres, S. Boisserée, Goethe, Schinkel, Graf Spiegel und A. Reichensperger) stellt zusammen *Fr. Bloemer*, Zur Literatur des Kölner Domes (Berlin 1857). — Die genauesten Angaben über kirchliche Bauthätigkeit im 13. Jh. bei *H. Cardauns*, Konrad v. Hostaden S. 139 ff. S. auch oben Anm. 24—28.

99) Ueber die bedeutendsten Reliquienschreine s. *Fr. Bock*, Das heilige Köln, Beschreibung der mittelalterlichen Kunstschätze in seinen Kirchen und Sacristeien (Leipzig 1858); ders., Der Kunst- u. Reliquienschatz des Kölner Domes (Köln u. Neuss 1870); [*N.*], Der Reliquienschrein des h. Heribertus, Organ f. christl. Kunst Bd. 5 (1855) S. 225 u. 237 ff., Abbildung bei *E. aus'm Weerth*, Kunstdenkmäler des christl. Mittelalters in den Rheinlanden Bd. 3 (Bonn 1866) Taf. 43; [*N.*], Der Reliquienschrein des h. Maurinus, Organ f. christl. Kunst Bd 11 (1861) S. 273 ff., auch bei *v. Mering* und *Reischert*, a. a. O. und öfter.

100) Ueber St. Pantaleon finden sich die besten Nachrichten bei *Thomas*, Gesch. d. Pfarre St. Mauritius; eine Rekonstruktion von *H. Wiethase* nach einem Stiche des 17. Jahrhunderts *Köln u. seine Bauten* S. 40; über die Abtei St. Heribert zu Deutz s. u. a. *Th. J. Lacomblet*, Archiv f. d. Gesch. d. Niederrheins Bd. 5 (1866) S. 251 ff.; *L. Ennen*, Annalen d. hist. Ver. f. d. Niederrh. Heft 13 (1863) S. 81 ff. und Heft 16 (1865) S. 159 ff. — Die Festsetzung der Minoriten in Köln erfolgte 1221, vgl. über sie *J. W. J. Braun*, Das Minoritenkloster u. das neue Museum zu Köln (Köln 1862); *A. Koch*, Die frühesten Niederlassungen der Minoriten im Rheingebiete (Leipzig 1821) S. 33 ff.; *K. Müller*, Die Anfänge des Minoritenordens (Freiburg 1885) S. 94 ff.; *L. Korth*, Papst-Urkunden des ehemal. Minoriten-Archivs zu Köln, Mitthlgn. a. d. Stadtarch. v. Köln Heft 16 (1889) S. 1 ff. — Die Niederlassung der Dominikaner vor 1232 nach *Lacomblet*, Urkb. Bd. 2 no. 189; im allgemeinen s.

J. Ficker, Engelbert d. Heilige S. 92 ff. — Ueber die Anfänge der Kölner Karmeliter sind wir schlecht unterrichtet; Satzungen für sie vom 29. März
1260 veröffentlicht *H. Cardauns*, Konrad v. Hostaden S. 161; anderes bei *H. H.
Koch*, Die Karmelitenklöster der Niederdeutschen Provinz. 13. bis 16. Jahrhundert. (Freiburg 1889), bes. S. 29 ff. — Ueber die Karthäuser s. die
Gründungsurkunde vom 6. Dezember 1334, *Lacomblet*, Urkb. Bd. 3 no. 289.
J. J. Merlo, Annalen d. hist. Ver. f. d. Niederrh. Heft 45 (1886) S. 1 ff. — *Fr. Gerss*,
Nachrichten üb. das St. Klarenkloster zu Köln, Monatsschr. f. d. Gesch.
Westdeutschlands Bd. 4 (1878) S. 598 ff.

101) *Matthaeus Paris.* zum J. 1243, Mon. Germ. SS. 28 S. 234; vgl. *J.
B. Haass*, Die Convente in Köln u. die Beghinen (Köln 1860).

102) *G. Schepss* veröffentlicht im Neuen Archiv Bd. 11 (1886) S. 138 ff.
Bruchstücke eines Briefwechsels zwischen Ragimbold und dem Lütticher
Radulf aus der Zeit vor 1029, und verweist dabei auf die Verse des Adelmannus: „Raginboldus Agrippinas vir potens ingenio Barbaras aures latino temperans eloquio Notus arces ad Romanas ab usque Oceano." — Ueber Franko
v. Köln u. a. *A. W. Ambros*, Gesch. der Musik Bd. 2 (2. Aufl. Leipzig
1880) S. 360 ff. — Ueber Rupert v. Deutz s. *Ph. Jaffé*, Mon. Germ. SS. 12
S. 624 ff.; *R. Rocholl*, Rupert v. Deutz. Beitrag z. Geschichte d. Kirche im
12. Jahrb. (Gütersloh 1886); *ders.*, Robert v. Deutz, Nachträge, Ztschr. f. kirchl.
Wissensch. u. kirchl. Leben (1887); *F. W. E. Roth*, R. v. D., Kathol. Bewegung Bd. 20 (1887) S. 746 ff., 800 ff., 840 ff. — Ueber Caesarius v.
Heisterbach s. das oft erwähnte Buch von *A. Kaufmann* (2. Aufl. Köln
1862); dazu *K. Unkel*, Die Homilien des Caesarius v. Heisterbach, Annalen d. hist. Ver. f. d. Niederrh. Heft 34 (1879) S. 1 ff. und die Uebersetzungen aus dem *Dialogus miraculorum* von *A. Kaufmann*, Annalen d. hist.
Ver. f. d. Niederrh. Heft 47 (1887). — Ueber Joh. Duns Scotus u. a.
J. Müller, Biographisches über J. D. Sc. (Progr. des Apostel-Gymnas. Köln
1881) auf Grund des vom Vf. aufgefundenen Beatificationsprozesses aus den
Jahren 1705—7. — Ueber Meister Eckhart's Kölner Aufenthalt u. a. *W. Preger*,
Gesch. der deutschen Mystik im Mittelalter Bd. 1 (Leipzig 1871) S. 354 ff.;
ders., Meister Eckhart und die Inquisition, Abhdlgn. d. K. Bayer. Ak. d. W.
3. Cl. Bd. 11, 2 (1869) S. 1 ff. — Auch Heinrich Suso weilte seit 1325 in
Köln, s. *Preger*, Gesch. d. Mystik Bd. 2 (1881) S. 355 ff. Im allgemeinen ist
für die kölnische Gelehrtengeschichte noch immer sehr werthvoll das Werk
des Jesuiten *J. Hartzheim*, Bibliotheca Coloniensis (Köln 1747).

103) *Dante*, Paradiso 10, 97 nennt den „Bruder und Lehrer" des h.
Thomas geradezu „Albert von Köln". Unter den mittelalterlichen Urtheilen
über den grossen Mann sind besonders bemerkenswerth die schönen Worte
Heinrich's v. Herford, Liber de reb. memorab. (hrsg. v. A. Potthast) S. 202; ein
Lobgedicht auf Albert als Bischof von Regensburg veröffentlicht *W. Wattenbach*, Anzeiger f. Kunde d. deutsch. Vorzeit (1872) Sp. 214; eine kurze biographische Notiz *Aeg. Müller*, Monatsschr. f. d. Gesch. Westdeutschlds. Bd. 3
(1877) S. 323. Ueber die Verehrung der älteren deutschen Humanisten für
Albert s. *J. B. Nordhoff*, Denkwürdigkeiten aus dem münsterischen Humanismus (Münster 1874) S. 8 ff. Im allgemeinen: *J. Sighart*, Albertus Mag-

nus. Sein Leben und seine Wissenschaft (Regensburg 1857), woselbst K. 38 ein Verzeichniss seiner Werke, K. 39 eine Würdigung seiner gelehrten Thätigkeit; *A. Stöckl*, Gesch. d. Phil. d. Mittelalters Bd. 2 (Mainz 1865) S. 352 ff. bezeichnet es treffend als das Bestreben Albert's, die aristotelische Philosophie in den Gedankenkreis der christlichen Völker einzuführen und die christianisirte Philosophie zum Aufbau der Theologie zu verwerthen. Unter den zahlreichen, zum 600jährigen Todestage Albert's erschienenen Abhandlungen ragen hervor: *G. Frhr. v. Hertling*, Albertus Magnus, Beiträge z. seiner Würdigung (Köln 1880), darin besonders K. 3 „Zur Charakteristik scholastischer Naturerklärung und Weltbetrachtung"; *v. Hertling* schrieb auch den Artikel im Freiburger Kirchen-Lexikon (2. Aufl.) Bd. 1 S. 244; *J. Bach*, Des Albertus Magnus Verhältniss zu der Erkenntnisslehre der Griechen, Lateiner, Araber u. Juden (Wien 1881). Volksthümlich gehalten sind u. a. [*N. Thoemes*], Albertus M. in Gesch. u. Sage (Köln 1880); *H. Goblet*, Der selige A. M. u. die Gesch. seiner Reliquien (Köln 1880). — Alberti Magni de vegetabilibus libri VII ed. *E. Meyer* et *C. Jessen* (Berlin 1867), dazu *Jessen*, Die Botanik der Gegenwart u. Vorzeit (Berlin 1864); *ders.*, Der Kosmos in Deutschld., Deutsche Vierteljahrsschr. Bd. 1 (1868) S. 269 ff.; *St. Fellner*, A. M. als Botaniker (Wien 1881); *S. Günther*, Gesch. d. mathemat. Unterrichts im deutsch. Mittelalter (Mon. Germ. Paed., Berlin 1887) S. 152; nur *J. Sachs*, Gesch. d. Botanik (Gesch. d. Wissensch., München 1875) S. 15 nennt die Schriften Albert's „ebenso weitschweifig als gedankenarm". — Ueber Albert als Zoologen s. *v. Martens*, Archiv f. Naturgeschichte, Jahrg. 24 Bd. 1 S. 111 ff.; *C. Jessen*, A. M. historia animalium, *das.*, Jahrg. 33 Bd. 1 S. 95 ff.; *J. V. Carus*, Gesch. d. Zoologie (Gesch. d. Wissensch. Bd. 12, M. 1872) S. 237; *H. Haeser*, Lehrb. d. Gesch. d. Medicin (Jena 1875) S. 694 ff. — *O. Peschel*, Gesch. d. Erdkunde (Gesch. d. Wissensch. Bd. 4, M. 1865) S. 181. — Die Reliquien Albert's beschreibt *J. J. Merlo*, Bonner Jahrbb. 38 (1865) S. 106 ff.; ich bemerke dazu, dass die beiden im Stadtarchiv zu Köln befindlichen Codices sich auf den ersten Blick als Autographe zu erkennen geben.

104) Brief Innocenz' III. bei *St. Baluze*, Epistolae Innocentii Bd. 1 S. 739: „Ecclesia Coloniensis et civitas, que inter universas ecclesias et civitates regni Theutonici tam gloria quam magnificentia est sublimis." Aehnlich schreibt Innocenz IV. am 19. November 1247: „Coloniensis civitas adeo famosa et celebris et quodammodo in Theutonie partibus singularis, prout sua magnitudine, nobilitate et potentia precellit alias civitates", *Mon. Germ.* LL. 2 S. 364; *Qu. z. G. d. St. Köln* Bd. 2 no. 268; *Kaufmann*, Caesarius S. 27; *Cardauns*, Konrad S. 88.

105) Für das folgende s. besonders *K. Kunze*, Die polit. Stellung der niederrhein. Fürsten in den Jahren 1314 bis 1334 (Göttingen 1886), S. 4, S. 9 ff. Die Verträge des Erzbischofs Heinrich II. von Virneburg mit Erzherzog Leopold von Oesterreich vom 9. Mai 1314 bei *Lacomblet*, Urkb. Bd. 3 no. 128 u. 129.

106) Die Landfriedensurkunde vom 22. Juni 1317 bei *Lacomblet*, Urkb. Bd 3 no. 159; über niederrheinische und niederländische Uebersetzungen im *Stadtarch. Köln, Haupt-Urk.-Arch.* no. 879 u. 880 vgl. *K. Höhlbaum*, Hans.

Urkb. Bd. 3 S. 429. Im allgemeinen *J. Schwalm,* Die Landfrieden in Deutschland unter Ludwig dem Baiern (Göttingen 1889) S. 12 ff.; eine kurze Bemerkung bei *F. J. Kelleter,* Die Landfriedensbünde zwischen Maas u. Rhein (Münster. Diss., Paderborn 1888) S. 7; über die Zeitfolge der Beitrittserklärungen vgl. *Mittheilgn. a. d. Stadtarch. v. Köln* Heft 5 (1884) S. 2.

107) Den Kampf um Brühl erwähnt kurz *Anonymi Chronicon archiepiscopor. Col.* bei *S. A. Würdtwein,* Nova subsidia dipl. Bd. 12 S. 337: „Anno 1318 cives Colonienses obsederunt castrum in Brule auxilio comitis Hollandiae et Hannoniae, Gerardi comitis Iuliacensis, Adolfi comitis de Monte et aliorum plurimorum, et haec obsidio duravit quasi 12 septimanis"; etwas ausführlicher die *Annales Agrippinenses,* Mon. Germ. SS. 16 S. 737; *Kölner Jahrbücher, Rec. C,* Chron. d. dtsch. Städte Bd. 13 (Cöln 2) S. 130; danach sehr weitläufig *L. Ennen,* Geschichte der St. Köln Bd. 2 S. 289 ff.; auch *K. Kunze,* a. a. O. S. 17 ff.; *J. Schwalm,* Landfrieden S. 20 ff.

108) Die Stadt Köln begegnete sich mit den Grafen von Jülich naturgemäss im Widerstande gegen die Landeshoheit des Erzbischofs. Wie sich im einzelnen der Gegensatz zwischen Jülich und der Kölner Kirche entwickelte, bedarf noch näherer Untersuchung. Vgl. *H. Loersch,* De ortu et incremento superioritatis territorialis in comitatu Iuliacensi usque ad annum 1356 (Bonn, Diss. 1862) und das sehr inhaltreiche Kapitel „Wilhelm von Jülich" bei *Cardauns,* Konrad v. Hostaden S. 69 ff.; manchen Aufschluss gewährt *W. Graf v. Mirbach,* Zur Territorialgesch. d. Herzogthums Jülich, Progr. d. Rhein. Ritterakademie Bedburg (Düren 1874 u. 1862): — Erzbischof Walram v. Jülich wird als ein friedliebender Herr von grosser Gelehrsamkeit gerühmt; über seinen Bruder Wilhelm s. *K. Wieth,* Die Stellung des Markgrafen Wilhelm v. Jülich zum Reich (Münster, Diss. 1882).

109) Ueber Walram's Haltung s. u. a. *Wieth,* a. a. O. S. 24. Wie weit die Freundschaft Köln's für England auch jetzt wieder ging, besonders nachdem Eduard III. am 5. September 1338 zum Reichsstatthalter links vom Niederrhein ernannt war, beweisen die Darlehen an den König; so gewähren ihm am 29. Januar 1339 Ritter Heinrich Quattermart, Everhard Hardevust, Hilger vom Stave u. a. gegen Bürgschaft des Bischofs Heinrich von Lincoln 5000 gl., s. *Nijhoff,* Gedenkwaardigheden uit de geschiedenis van Gelderland Bd. 1 no. 348 u. 359; vgl. auch das Privileg Eduard's für Köln vom 18. September 1338, *Hans. Urkb.* Bd. 3 S. 441 no. 648.

110) Karl IV. bestätigte und erweiterte zunächst am 8. Februar 1349, dann am 11. August desselben Jahres die Privilegien der Stadt, *Mitthlgn. a. d. Stadtarch. v. Köln* Heft 6 (1885) no. 1917—21 und no. 1932—34.

111) Am 11. Dezember 321 verordnet Konstantin d. Gr., dass die Kölner Juden zur Kurie berufen werden dürfen, vgl. *J. Aronius,* Regesten z. Gesch. d. Juden in Deutschld. no. 2; die Erbauung der Synagoge wird in das Jahr 1012 verlegt, *das.* no. 146; die Verfolgung durch Kreuzfahrer im Sommer 1096 scheint unerheblich gewesen zu sein, *das.* no. 188; über die Verfolgung von 1146 s. oben Anm. 43. Unter den nach Köln gerichteten Schutzbullen ist diejenige Innocenz' IV. vom 22. Oktober 1246 besonders feierlich gehalten, *Qu. z. G. d. St. Köln* Bd. 2 no. 252; am 27. April 1252 setzt Erzbischof

Konrad die Rechtsverhältnisse der Kölner Juden fest, *das.* no. 308. Das in zwei Steintafeln in der Domschatzkammer eingegrabene Privileg Engelbert's II. vom J. 1266 sichert den Juden vor allem Begräbnissfreiheit zu, bestimmt aber auch „nulli cawercini vel Cristiani qui manifeste prestent ad usuras, cum (Iudeis) per hoc fiat preiudicium, in civitate Coloniensi residere nullatenus permittentur", *Qu. z. G. d. St. Köln* Bd. 2 no. 495. Im allgemeinen *E. Weyden*, Gesch. der Juden in Köln am Rhein (Köln 1868); *M. Brisch*, Gesch. d. Juden in Köln u. Umgebung (Köln 1882); am zuverlässigsten ist noch immer *O. Stobbe*, Die Juden in Deutschland während des Mittelalters in polit., social. u. rechtl. Beziehung (Braunschweig 1866) S. 188 ff.; vgl. *R. Hoeniger*, Z. Gesch. d. Juden Deutschlands im früheren Mittelalter, Ztschr. f. d. Gesch. d. Juden in Deutschld. Bd. 1 (1886) S. 65 ff. und S. 136 ff.; Das Judenschreinsbuch der Laurenzpfarre zu Köln, hrsg. v. *M. Stern* und *R. Hoeniger* (Quellen z. Gesch. d. Juden in Dtschld. Bd. 1, Berlin 1888).

112) Ueber die Pest und die Geisselfahrt von 1349 s. u. a. die berühmte Schilderung bei *Fritsche Closener*, Chroniken d. deutsch. St. Bd. 8 (Strassburg 1) S. 104 ff.; dazu *E. Förstemann*, Die christlichen Geisslergesellschaften; *J. F. C. Hecker*, Der schwarze Tod im vierzehnten Jahrhundert (Berlin 1832); *R. Hoeniger*, Der schwarze Tod in Deutschland (Berlin 1882); *K. Lechner*, Das grosse Sterben in Deutschland in den Jahren 1348 bis 1351 u. die folgenden Pestepidemien etc. (Innsbruck 1884); *ders.*, Die grosse Geisselfahrt des Jahres 1349, Histor. Jahrb. der Görres-Gesellsch. (1884) S. 437 ff.

113) Vor dem Ausbruche der Judenverfolgung schrieb der Kölner Rath an die Stadt Strassburg sehr besonnen: „Et quia etiam predictam mortalitatem et eius circumstantias secundum nostram adhuc veriorem opinionem plagam Dei, et nihil aliud, estimamus, intendimus Iudeos nostrae civitatis ob tales rumores volatiles permittere nullatenus molestari", *Chron. d. deutsch. St.* Bd. 8 (Strassburg 1) S. 127 Anm. 2; eine ergreifende Darstellung der Greuel giebt *Heinrich v. Diessenhoven*, Fontes rer. Germ. Bd. 4 S. 68 ff., am Schlusse aber meint er kaltblütig: „Infra anni coronam, hoc est a festo omnium sanctorum 1348 usque ad festum beati Michaelis archangeli anni 49 omnes Iudei, iuvenes et virgines, senes cum maioribus, cremati et occisi sunt a Colonia usque in Austriam. Et crederem finem Hebreorum advenisse, si tempus predicacionis Helye et Enoch completum iam esset." — In Köln erlässt schon am 26. September 1349 der erzbischöfliche Offizial die Aufforderung, über die entwendeten Judengüter dem Rathe Bericht zu erstatten, *Qu. z. G. d. St. Köln* Bd. 4 no. 314. Ein Jahr später gesteht Wilhelm von Gennep der Stadt die Hälfte vom Nachlasse der Erschlagenen zu, *Lacomblet*, Urkb. Bd. 3 no. 489. Dass strenges Gericht gehalten wurde, beweist ein Urfehdebrief vom 13. November 1349: „were dat sache, dat id myt waerheyde bevunden wurde, dat ich myt der hant da oyver inde an were, da man jüden zü Colne slüch inde da die kettenen wurden upgeslagen inde die hûs in der Jüdengassen verbrant wurden, dat die stat van Colne mich neymen mach sunder scheffenurdel inde voyren mich in gien velt inde slayn myn hoyft af", *Annalen d. hist. Ver. f. d. Niederrh.* Heft 41 (1884) S. 107.

114) In dem Privilegium Friedrich's II. vom 6. Mai 1216 heissen sie

„nobiles burgenses Colonienses", ebenso in der goldenen Bulle vom Mai 1236, *Qu. z. G. d. St. Köln* Bd. 2 no. 48 u. no. 159.

115) S. oben Anm. 72. Bitteren Spott ergiesst *Gottfried Hagen* über die Krämer und Handwerker im städtischen Rathe, Chron. d. deutsch. Städte Bd. 12 (Cöln 1) S. 57 V. 1253 ff.: „En weirt neit sunde, ich solde it hassen, Dat van Colne de hilge stat Mit sulchen eselen was besat. Man do an eime esele eins lewen hut. Hei jreirt doch eins esels lut." Und weiter, *das.* S. 61 V. 1395 ff.: „We soilden rait of urdel geven, De gespoilt haint alle ir leven? We soilden de Colne bewaren, De vischere unde beckere waren? Ich meine, ir sulch bas wissen sulde, We manich berinc einen virlinc gulde". Noch schärfer äussert sich ein ungenannter Gesinnungsgenosse : „Antea bis binos calcant ewangelizantes, Nunc Agrippinos dominos se glorificantes. Antea se pedites inopes formidine fingunt, Aurea nunc equites veluti calcaria stringunt. Antea qui suberant pedibus quasi pressa scabella, Nunc hiis qui preerant audent indicere bella. Antea nobilitas pia predominatur in urbe, Nunc mala rusticitas viget et vis tradita turbe", *Chron. rythm. Col. fragmenta, Chron. reg. Col.* ed. *Waitz,* 8⁰-Ausg. S. 314. Vgl. u. a. *Cardauns,* Konrad v. Hostaden S. 108 ff. ; *Lamprecht,* Skizzen S. 135 ff.

116) *Gottfried Hagen,* Chron. d. deutsch. Städte Bd. 12 (Cöln 1) S. 170 ff. V. 5230 ff. ; dazu *Lamprecht,* a. a. O. S. 141 ff.

117) *K. W. Nitzsch,* Gesch. d. deutsch. Volkes Bd. 3 S. 260.

118) Die Bürgerschaft wurde damals vor allem durch die Landfriedensbestrebungen in Anspruch genommen, deren Ergebniss das am 3. Mai 1351 zwischen Erzbischof Wilhelm von Köln, dem Herzoge Johann von Brabant, seinem Sohne Godart, sowie den Städten Köln und Aachen abgeschlossene Büudniss war, „want id ovel steit imme lande ind vele ongevoichs ind gewalt geschiet is ind deegelix geschuyt upter straissen ind imme lande deme coufmanne, den pilgrimen, paffen ind rittern ind anderen luyden heymschen ind vrempden bi gevenknisse, bi royve, bi morde ind bi brande heymlich ind offenbaire ind dat ongevoich ind die gewalt van daige zu daige sich meirret ind niet enminret", *Lacomblet,* Urkb. Bd. 3 no. 496; vgl. *Kelleter,* Landfrieden S. 7 ff. Ueber die Lage des Stiftes nach dem Tode des Erzbischofs Wilhelm v. Gennep s. *A. Kreisel,* Adolf v. d. Mark B. v. Münster 1357—63 Erzb. v. Köln 1363—1364 (Münster. Diss., Paderborn 1884) S. 34 ff.

119) Vgl. die *Weverslaicht,* Chroniken der deutsch. Städte Bd. 12 (Cöln 1) S. 239 ff., und das *Nuwe Boich* Gerlach's vom Hauwe, *das.* S. 267 ff., vorher *Qu. z. G. d. St. Köln* Bd. 1 S. 400. Das Erzstift stand damals unter der Administration des Erzbischofs von Trier, vgl. *Fr. Ferdinand,* Cuno von Falkenstein als Erzb. v. Trier, Koadjutor u. Administrator v. Köln (Münster. Diss., Paderb. 1884).

120) Ein Theil der Schöffen, welche gegen den Rath zum Erzbischofe Friedrich hielten, begab sich am 4. April 1375 nach Bonn, vgl. das *Nuwe Boich* a. a. O. S. 281; *Kölner Jahrbb. Rec. A,* Chron. d. deutsch. Städte Bd. 13 S. 25; am 12. Juli 1375 erging dann das grosse, heftig gegen den Rath gerichtete Weisthum über die Gerichtshoheit des Erzbischofs, *Lacomblet,* Urkb. Bd. 3 no. 768: „Der rait van Colne ensal ghein gerichte haven zu Colne up der burger huys

noch gheyne sachen vur sich zien heimlich of offenbair, die an geistlich of
werentlich gerichte treffent." Bezeichnend ist die Deutung des Streites in
der *Limburger Chronik*, hrsg. v. *A. Wyss*, Mon. Germ., Deutsche Chron. 4, 1
S. 87 § 172: „Daz qwam also, daz den rat beduchte, daz die scheffen me
zulegten unde bestanden weren dem bischofe van Collen dan der gemeine zu
Collen." S. auch· *J. Fecker*, Friedrich von Saarwerden (Münster, Diss. 1880),
besonders S. 20 und *De aula archiepiscopali Col.*, Mitthlgn. a. d. Stadtarch. v.
Köln Heft 17 (1889) S. 121 ff. — Der *Limburger Chronik* a. a. O. S. 64 §97 ist
auch ein Bericht über Tanzwuth am Rhein und an der Mosel zu Mittsommer
1374 zu entnehmen: „Unde wart die dinge also vil, daz zu Colne in der stat
me dan funfhondert denzer waren."

121) Die Rechtfertigung der Revolution enthält das *Nuwe Boich* des „scheelen Gerlach", des Stadtschreibers Gerlach vom Hauwe, der, nachdem er allen
Parteien dienstbar gewesen, am 7. Juni 1399 als Verräther hingerichtet wurde.
Chron. d. deutsch. Städte Bd. 12 S. 267 ff.; etwas anders geartet ist die Vertheidigung der Stadt gegenüber König Ruprecht vom 21. September 1403, *Mitthlgn.
a. d. Stadtarch. v. Köln* Heft 14 (1888) S. 114 ff. — Eine quellenmässige Schilderung giebt *H. Keussen* [d. j.], Die Kölner Revolution 1396. Ihre Begründung
und Darstellung (Köln. 1888, Sonderabdruck a. den *Mitthlgn. a. d. Stadtarch.*
Heft 15. Ein Verzeichniss der Verluste, welche der Patrizier Johann
von Covoltzhoven bei der Revolution erlitten, s. *Anzeiger f. Kunde d. deutsch.
Vorzeit* N. F. Bd. 30 (1883) Sp. 195 ff. — Der Verbundbrief, welchen das
Stadtarchiv noch in vier Ausfertigungen besitzt, ist gedruckt u. a. *Qu. z. G.
d. St. Köln*, Bd. 6 no. 270; die vierunddreissig Bruderschaftsbriefe vom
14. April 1397, *das.* no. 334, betreffen nur die gewerbliche Verfassung der
Genossenschaften; über einzelne Zünfte s. *W. Scheben*, Das Zunfthaus u.
die Zunft der Brauer in Köln (Köln 1875); *ders.*, Die Zunft der Brauer in
Köln (Köln 1880); *J. J. Merlo*, Die Zunft der Sarworter in Köln, Annalen
d. hist. Ver. f. d. Niederrh. Heft 48 (1889) S. 172 ff.

122) *K. Hayn*, Ritter Hilger Quattermart von der Stessen (Münster.
Diss., Paderborn 1888); über die Familie von der Stessen *ders.*, Annalen
d. hist. Ver. f. d. Niederrh. Heft 49 (1889). Die *Limburger Chronik*,
deren Bericht hier im übrigen nicht ganz zutreffend ist, sagt von Hilger
a. a. O. S. 90 § 187: „Der ritter was also getan, daz in die ganze gemeine
von Colne lip hatten. Unde daz quam in einer kurzen zit, daz he widerumb
gehasset wart." Ueber die wirthschaftlichen Verhältnisse Hermann's von Goch
s. *K. Lamprecht*, Deutsches Wirtschaftsleben im Mittelalter Bd. 2 (Leipzig
1885) S. 542 ff.; eine umfangreichere Arbeit über ihn steht von *H. Schwarz* zu
erwarten. — Die Einigungen der Stadt mit König Wenzel vom 5. und 6.
Januar 1397 s. *Qu. z. G. d. St. Köln* Bd. 6 no. 306 u. 307.

123) Für die etwas schwankende Stellung des Kölner Rathes zum Schisma
noch im Winter 1379 ist bezeichnend ein Schreiben Klemens' VII., *Mitthlgn.
a. d. Stadtarch. v. Köln* Heft 11 (1887) S. 66 ff. — Ueber die Universität
Köln s. [*J. Hartzheim*], Prodromus hist. universit. Col. quo exhibetur synopsis actor. et scriptor. a facult. theol. pro eccl. cathol. et republ. (Köln
1759); *F. J. v. Bianco*, Die alte Universität Köln, 1. Theil (Köln 1856); ihre

Entstehung behandeln u. a. *Fr. Paulsen*, Die Gründung der deutschen Universitäten, Histor. Zeitschr. Bd. 45 (1881); *H. J. Kaemmel*, Gesch. d. deutschen Schulwesens (Leipzig 1882) S. 107; vor allem *H. Denifle*, Die Universitäten des Mittelalters Bd. 1 (Berlin 1885) S. 394 ff.; *G. Kaufmann*, Die Gesch. der deutsch. Universitäten Bd. 1 (Stuttgart 1888), bes. S. 120, 160 u. ö.; gegen ihn die scharfe Kritik von *H. Denifle*, Histor. Jahrb. d. Görres-Gesellschaft Bd. 10 (1889) S. 72 ff.; *G. Kaufmann*, Universitätsprivilegien der Kaiser, Deutsche Zeitschr. f. Geschichtswissensch. Bd. 1 (1889) S. 130 ff. u. 152; sehr wichtig ist der kurze Aufsatz von *H. Loersch* u. *K. Höhlbaum*, Mitthlgn. a. d. Stadtarch. v. Köln Heft 17 (1889) S. 123 ff., veranlasst durch *Marcel Fournier*, La nation allemande à l'université d'Orléans au XIVe siècle; über Kölner in Paris s. *A. Budinszky*, Die Universität Paris u. die Fremden an derselben im Mittelalter (Berlin 1876) S. 115 ff.; Kölner in Prag, *E. Friedländer*, Monatsschrift f. rhein.-westf. Geschforschg. Bd. 1 (1875) S. 261 ff. — Die Stiftungsurkunde Urban's VI., derjenigen für Heidelberg nahe verwandt, gedr. u.a.: *Q. z. G. d. St. Köln* Bd. 5 no. 410; zahlreiche Aktenstücke bei *Bianco* a. a. O.; Theile der ersten Matrikel [bis 1406] hat *W. Schmitz* in Programmen des Kaiser Wilh.-Gymnas. zu Köln 1878, 79, 82, 83 veröffentlicht, eine vollständige Ausgabe bereitet *derselbe* zusammen mit *H. Keussen* vor.

124) *Koelhoff*'sche Chronik von 1499, Chron. d. deutsch. Städte Bd. 13 S. 289: „Zo Collen in Duitschland is die hoichste ind beste schoil in der hilligen gotlicher schrift."

125) Gleich unter den ersten Lehrern befanden sich drei Vertreter des bürgerlichen Rechtes: Grimhard von Recklinghausen (Recelinchusen), Johann von Neuenstein und Johann Bau; alle drei hatten während der Jahre 1379 bis 1393 in Bologna studirt, s. *E. Friedländer* und *C. Malagola*, Acta nation. Germanicae universit. Bononiensis (Berlin 1887) S. 141, 148, 151, 152. Die Bedeutung der kanonistischen Studien schlägt *J. F. v. Schulte*, Gesch. d. Quellen u. Literatur des canon. Rechts Bd. 2 (Stuttgart 1877) S. 482 ff. überaus gering an. — Im 16. Jahrhundert wirkten in Köln Juristen wie Adolf Eichholtz, Johann Oldendorp, Andreas Gail, s. *R. Stintzing*, Gesch. d. Rechtswissenschaft Bd. 1 (Gesch. d. Wissensch. Bd. 18) S. 310 ff.

126) Schon im Jahre 1415, unter dem Dekanat des Arnold vom Clockringe beschloss die Artistenfakultät „quod modus legendi, doctrinandi et libros philosophi [*scil. Aristotelis*] exponendi qui ab initio studii assumptus erat, deinceps servari deberet et quod nullus presumeret, illo modo derelicto alium modum de novo a quibusdam Parysiensibus introductum et resumptum, quondam spretum, reprobatum et abolitum . . inducere", *Archiv der Schulverwaltung, Köln, Liber facultat. artium I* Bl. 58^b. Später warfen die Kurfürsten unter Hinweis auf die Prager Irrlehren der Fakultät vor, dass sie Thomas von Aquin und Albertus Magnus pflege „doctores alti sermonis", deren Schreibart die Fassungskraft der Jugend übersteige und deshalb zu verderblichen Irrthümern, Ketzereien und Streitigkeiten führe, zugleich empfahlen sie schlichtere Geister wie Buridanus und Marcilius; darauf entgegneten alle vier Fakultäten am 24. Dezember 1425, von Anfang an habe Lehrfreiheit bestanden, es müsse deshalb auch bei der bisherigen Weise sein Bewenden behalten,

Stadtarch. Köln, Haupt-Urk.-Arch. no. 10221; vgl. u. a. *Bianco,* a. a. O.
Bd. 1 S. 238 ff.

127) Um die Mitte des 15. Jahrhunderts ersucht die Studenten-
schaft den Rath um Einrichtung einer Anatomie, *Stadtarch. Köln, Univer-*
sität, undatirte Briefe 15. Jh.; im Juni 1478 wendet sich die Stadt deswegen
an den Kaiser und bemerkt „dat it ouch gut were, wanne yemantz gericht
were myt dem swerde off sust gheelich sturve, den inwendich besien zo laissen
van den doctoiren ind wontartzitteren daby sy sich gerne vuegen weulden,
die inwendige gebreche daruys zo leren ind zo kennen", *daselbst, Rathspro-*
tokolle Bd. 3; am 31. März 1479 bereits dankt der Rath dem Kaiser für die
Gewährung dieser Bitte, *daselbst, Kopienbücher* Bd. 32 Bl. 120ᵇ, jedoch ist
das eigentliche Privilegium erst am 5. Mai 1479 zu Graz angefertigt, *daselbst,*
Haupt-Urk.-Arch. no. ?; die früheste Einladung zu einer „anathomye mit upsny-
donge ind entledonge der woentartzer" an einem hingerichteten Verbrecher ergeht
dann am 3. Februar 1480 an Aerzte zu Brügge, Leiden, Delft, Münster und Roer-
mond, *Annalen d. hist. Ver. f. d. Niederrh.* Heft 41 (1884) S. 107; über den anato-
mischen Unterricht vgl. *H. Haeser,* Gesch. d. Medicin Bd. 1 (2. Aufl.) S. 746;
Th. Puschmann, Gesch. d. medizin. Unterrichts v. d. ältesten Zeiten bis zur Gegenwart (Leipzig 1889) S. 203 ff. — Im Juni 1460 besuchen „etliche meysteren
van medicinen" auf Wunsch der Stadt den schwerkranken Grafen Gerhard zu
Jülich-Blankenheim, *Stadtarch. Köln, Kopienbücher* Bd. 25 Bl. 133ᵇ; fünf
Jahre später erbittet der Rath seinerseits vom Herzoge von Jülich die Hilfe
des „Peter von Coelne wontartzitte zo Gherisheim", *das.* Bd. 28 Bl. 8. Ein
Arzt von Bedeutung ist kaum namhaft zu machen, erst im 16. Jhdt. Johann
Bachoven von Echt. — Im Auftrage des Rathes nahmen die Professoren
Untersuchungen auf ansteckende Krankheiten vor, so am 16. Juni 1486 „Theo-
dericus de Dordraco facultatis medicine decanus, Bertramus Bau arcium ma-
gistri et medicine doctores et Bartholomeus Kempis arcium magister et
medicine licenciatus facultatem medicine actu representantes" auf Aussatz,
Stadtarch. Köln, Haupt-Urk.-Arch. no. ?; Prüfung von Nahrungs- und Ge-
nussmitteln ist häufig, schon 23. November 1413 Ingwer, *Stadtarch., Raths-*
protokolle Bd. 1 Bl. 64ᵃ; 30. Mai 1476 Wein, *das., Kopienbücher* Bd. 31
Bl. 65ᵇ u. s. w. — Das Barbieramt unterstand fortwährender Aufsicht der
Fakultät, *das., Beleidtsbücher,* jedoch wurden auch besondere Wundärzte für die
öffentliche Krankenpflege angestellt, die wohl nicht der Universität angehörten,
so am 19. November 1449 Johann von Hillesbach, *das., Kopiar A III 5* Bl. 118;
am 15. September 1457 Reinhart von Monheim, *das., Haupt-Urk.-Arch.* no. ?;
am 2. August 1458 Hermann Karben von Marckburch, *das., Haupt-Urk.-Arch.*
no. ?; sie verpflichteten sich, den „burgern ind ingesessenen bynnen Colne beyde
arm ind rych bynnen of buyssen Coelne umb redelichen gewoenlichen loen"
auf Verlangen Hilfe zu leisten, ausserdem unentgeltlich in zwei Spitälern „as des
den armen dae inne wesende noit is ind zom besten der siechen" thätig
zu sein. — Besichtigung der Apotheken seit 1478, vgl. *L. Ennen,* Kölnisches
Apothekerwesen, Annalen d. hist. Ver. f. d. Niederrh. Heft 19 (1868) S. 300 ff.;
Monatsschr. f. d. Gesch. Westdeutschlds. Bd. 7 (1881) S. 562; ein Kölner
Arzneienverzeichniss d. 14. Jhdts. *Pharmaceut. Zeitung* Bd. 28 (1883) S. 221;

die erste mir bekannte amtliche Pharmakopöe von *P. Holtzemius*, Pharmacopoea sive dispensatorium Coloniense re vi s u m et auctum (Köln 1623); gleichfalls im 17. Jhdt. schrieb ein *Hub. Holtzemius* ein Promptuarium medicinae, *Stadtarch. Köln, HSS. GB. fol. no. 89*, werthvoll durch ein lateinisch-deutsches und deutsch-lateinisches Pflanzenverzeichniss Bl. 222—49.

128) Im Jahre 1422 verweigerten Mitglieder der Fassbinderzunft eine vom Rathe verordnete Accise; sie wurden am 7. September 1422 wegen ihrer „upsetze" gegen Gemeinde und Verbundbrief auf zehn Meilen verbannt, *Stadtarch. Köln, Haupt-Urk.-Arch.* no. 9899 und 9982. Polizeiliche Massregeln gegen Aufruhr sind besonders im ersten Bande der *Rathsprotokolle* (1396—1440) zahlreich enthalten.

129) Einzelheiten können hier nicht angeführt werden; ein Blick in die *Kopienbücher* zeigt, dass fast der ganze Briefwechsel des Rathes um Einstellung oder Verhütung von Fehden oder um die Forderung von Schadenersatz sich dreht; vgl. die Regesten, *Mitthlgn. a. d. Stadtarch.* Heft 1 ff. Unter dem Drucke der Zustände im Reiche äusserte sich 1438 auf dem Bacharacher Städtetage der Gedanke einer „schickonge van gemeiner vryer ind rychsstete wegen zo unserm herrn dem conig zo doin, daselbs steetz zo beharren", allein Köln lehnte ab, 1438 Dezember 26, *Stadtarch. Köln, Kopienbücher* Bd. 14 Bl. 212 b. Für die frühere Zeit vgl. *H. Finke*, König Sigmund's reichsstädtische Politik von 1410—1418. (Tübing. Diss. Bocholt 1880); *O. Heuer*, Städtebundsbestrebungen unter König Sigismund (Berlin, Diss. 1887).

130) Am 4. Januar 1337 wird der Lütticher Magister Elbert von Bettincourt Schreiber und diplomatischer Vertreter der Stadt gegen 30 Goldgulden Gehalt und volles Bürgerrecht, *Q. z. Gesch. d. St. Köln* Bd. 4 no. 225; am 19. Februar 1345 Meister Hilger, Stiftsherr zu St. Andreas, *das.* no. 275; am 8. Januar 1347 Asplan von Holtorp, Dekan zu Wildeshausen, *das.* no. 290 u. s. w.; inzwischen hatte man jedoch auch von Rechtsgelehrten zu Montpellier am 21. Dezember 1340 und am 29. Juni 1341 bemerkenswerthe Gutachten über die Tragweite städtischer Privilegien eingeholt, vgl. *Mitthlgn. a. d. Stadtarch. v. Köln* Heft 6 (1884) S. 37 no. 1653 u. S. 38 no. 1663.

131) Ueber die Kölner Stadtschreiber im allgemeinen vgl. *H. Keussen*, Die Kölner Revolution 1396 a. a. O. S. 6 ff.; *ders.*, Zwei Kölner Gesandtschaften nach Rom im 14. Jahrhundert, Mitthlgn. a. d. Stadtarch. v. Köln Heft 12 (1887) S. 67 ff., besonders über Johann von Neuenstein; nach dem am 20. April 1417 mit Johann von Stommeln abgeschlossenen Dienstvertrage hat der Protonotar für den Schreibbedarf zu sorgen, zwei Schreiber zu halten und das „Signet" zu bewahren: „Vort sall hee na beveilonge unser herren vamme raide willich syn, up der steide cost uysser Coelne zu varen adir zo ryden up alle die ende darzo yn unse herren schicken wurden, da hee dat mit bescheide doin mach, ind sich des nyet weigeren ind anders en sall hee geynche nacht uysser Coelne syn ayn urloff eyns raitz"; dafür bezieht er 500 Mark Gehalt [etwa 6000 Mk. heutigen Geldes], Kleidung, Präsenz und Wein gleich den Rathsherren, Gerichtsgefälle und Urkundsgebühren, *Stadtarch. Köln, Eidbuch A IV 4* Bl. 10; am 20. Oktober 1441 erhält Johann von Stommeln nach

25jähriger Dienstzeit für die nächsten drei Jahre eine Gehaltszulage von 100 Mk., *daselbst, Haupt-Urk.-Arch.* no. 11520 u. 11531.

132) Die Ravensberger Fehde 1403 bis 1405, ein Memoriale 15. Jahrhunderts, *Chron. d. deutsch. Städte* Bd. 12 (Cöln 1) S. 337 ff.

133) Ueber die Kölner Bischofsfehde 1414—1415 s. die beiden Memoriale, *Chron. d. deutsch. Städte* Bd. 12 S. 349 ff. und S. 358 ff. — Den Schiedspruch zwischen Köln und Dietrich von Moers fällte Erzbischof Otto von Trier am 20. Mai 1419, *Lacomblet*, Urkb. Bd. 4 no. 117. — Eine besondere Darstellung der machtvollen Persönlichkeit Dietrich's besitzen wir nicht; die trefflichste Vorarbeit liefert *J. Hansen*, Die Soester Fehde 1444—49 (Publikationen a. d. kgl. preuss. Staatsarchiven Bd. 34, Leipzig 1888), Einleitung; vgl. auch *M. Birck*, Der Kölner Erzb. Dietrich Gr. v. Moers u. Papst Eugen IV. (Bonn 1889).

134) Nach einem Schreiben des Kardinals Antonius von Aquileja tit. s. Susanne vom 29. August 1424 klagte die Stadt über die Juden u. a.: „Nec solum usuras exigunt, ymmo usuras ipsorum eciam usurarum pignora pro levi summa obligata vendunt et precium suis impiis lucris usurpant; qua de re plures ex civibus et incolis ad extremam devenerunt paupertatem; promptuaria eorundem perfidorum plena sunt spoliis civium et innumerabilium rerum, utpote auri, argenti, vestium et universe suppellectilis copiis et varietate repleta, quas cives et incole pre nimia usurarum mole, tamquam desperati huiusmodi pignora redimere, dereliquerunt. Nobilis civitas, que multis sanctorum dedicata triumphis ac innumerorum beatorum corporum reliquiis decorata est, christiani nominis iniuriatoribus atque blasphemis repletur", *Stadtarch. Köln, Haupt-Urk.-Arch.* no. 10095. — Auch dem Kaiser gegenüber vertheidigte sie am 28. August 1431 die Austreibung „want unse stat van Coelne eyne von den heiligsten steiden der cristenheit genant und an maenchen enden mit groissem koestelichem hilgetum der lieben heilgen. die da rastent und ir bloit umb des cristen gelauben willen vergossen haben, loebelichen getziert ist", *das., Kopienbücher* Bd. 12 Bl. 77 b. — Die allgemeine Sühne mit dem Erzbischofe vermittelte Herzog Adolf von Jülich-Berg am 9. Dezember 1424, *Stadtarch. Köln, Haupt-Urk.-Arch.* no. 10123; den Vertrag über die Juden, vom 12. Dezember, s. bei *E. Weyden*, Gesch. der Juden in Köln, Anhang no. 36; am 7. September 1426 genehmigte der Dompropst die Umwandlung der Synagoge in eine Kapelle [Rathhauskapelle zu U. L. Frau von Jerusalem], *Stadtarch. Köln, Haupt-Urk.-Arch.* no. 10308, gedr. *Lacomblet*, Urkb. Bd. 4 no. 177. — Eine kurze, übersichtliche Darstellung der Vorgänge giebt *K. Hegel*, Chron. d. deutsch. Städte Bd. 14 (Cöln 3) S. CLXXVII ff.

135) Darlehen versagt die Stadt Köln beiden Parteien, s. *J. Hansen*, Die Soester Fehde, Einleitung S. 123*; über ihre Haltung äussert sie sich in einem Schreiben an Paderborn, a. a. O. no. 117; nur an den Sühneverhandlungen nimmt sie Theil, a. a. O. S. 127* ff.

136) Im Juni 1421 weilte der um die Bekämpfung der Hussiten überaus verdiente Kardinallegat Branda nach dem Abschlusse des Weseler Fürsten- und Städtetages in Köln, s. *Deutsche Reichstagsakten* Bd. 8 S. 77 Anm. 1. Ueber die Zustände während der Balagerung von Saaz vgl. den süddeutschen

Bericht vom 22. September 1421 *a. a. O.* no. 94 S. 98 ff.; auch *Chron. d. deutsch. Städte* Bd. 2 (*Nürnberg*) S. 40 ff. Was das *Chron. Elwacense,* Mon. Germ. SS. 10 S. 44 damals von den Fürsten sagte: „quaerens unusquisque quae sua erant, non quae Jesu Christi", galt eben von allen Ständen. Mit besonderer Bitterkeit kommt das zum Ausdrucke in den *Kölner Jahrbüchern, Rec. D,* Chron. d. deutsch. Städte Bd. 13 S. 149: „Als zogen vil princen ind heren ind vursten ind der buschof Dederich van Morsse ind gruwelich volk uisser allen steden ind landen ind auch de stat Coelne heirlich ind kostlichen. Do si dar quamen, si daden groissen schaden up dorpen ind cleinen steden ind landen ind slossen ind verbranten vil volks ind namen die kinder us den wiegen ind auch ander cleine kindere mit den voissen ind worpen si op die alderen in dat vuir ind verbranden si ouch mit. Der buschof van Collen ind ouch andere kurfursten ind ouch de Missenschen heren ind me princen gingen diewile zo rade ind deilten dat coninkriche van Behem: so wat mallich wan, dat solde hei behalden selver, ind sagen an ire girheit ind neit gotz deinst." — Die Führung von 25 Gleven (mit je 3 Pferden) und 25 Schützen des kölnischen Kontingents übernahm am 4. Juli 1421 Graf Wilhelm von Ravensberg als Hauptmann auf 4 Monate, am 16. Oktober 1422 trat Nikolaus Vogt zu Hunolstein in die Dienste der Stadt; Verträge mit Everhard Hardevuyst, Werner Overstolz, Wilhelm von Lyskirchen, Engelbrecht Hirzelin und anderen Patriziern wurden am 2. August 1421 geschlossen, am 5. November 1422 auch noch besonders mit Werner Overstolz, *Stadtarch. Köln, Haupt-Urk.-Arch.* no. 9703, 9712—14, 9927, 9930. Kölnische Söldner lagen noch 1431 in Glogau gefangen, *daselbst, Kopienbücher* Bd. 12 Bl. 79; Bd. 13 Bl. 5. — Im ganzen vgl. *Fr. v. Bezold,* König Sigismund und die Reichskriege gegen die Hussiten (München 1872—77); auch *K. Hegel,* Chron. d. deutsch. Städte Bd. 14 S. CLXXX; über das bürgerliche Kriegswesen der Zeit *E. A. v. d. Nahmer,* Die Wehrverfassungen der deutschen Städte in der zweiten Hälfte des XIV. Jahrhunderts (Marburg, Diss. 1888).

137) Am 30. August 1455 beglaubigte Papst Kalixt III. den Kardinal Alanus tit. s. Praxedis bei der Stadt Köln zu Verhandlungen wegen des Türkenzuges, *Stadtarch. Köln, Haupt-Urk.-Arch.* no. 12571; Pius II. schrieb dem Rathe am 18. Oktober 1458 in der Einladung nach Mantua oder Udine, nachdem er schon am 13. Oktober die stets wachsende Gefahr in grellen Farben geschildert hatte: „Pro deo igitur, dilecti filii, pro eterna commendatione nominis vestri, pro compassione fidelis populi quotidie feritati Turcorum sanguinem suum crudeliter dantis, exaudire velitis pias nostras huiusmodi preces a fletu et lacrimis oppressorum nobis impositas. Hec enim vera sunt opera populorum, hic campus, in quo honeste decertare et triumphum vere salutis reportare cum gloria possint, cetera fluxa sunt et caduca, nil solide laudis in se habentia, altissimo etiam persepe ingrata," *daselbst,* no. 12697. Im allgemeinen s. *G. Voigt,* Enea Silvio de' Piccolomini, als Papst Pius II. Bd. 2 (Berlin 1862) S. 89 ff., S. 173 ff.; Bd. 3 (1865) S. 52 ff., S. 71 ff. Ueber die Verhandlungen mit dem Kaiser *H. Keussen,* Die politische Stellung der Reichsstädte (Berlin, Diss. 1885) S. 53 ff. Am 20. August 1467 musste Friedrich III. einen Landfrieden ausschreiben, weil die

Stände auf dem Nürnberger Tage jede Türkenhilfe verweigert hatten, bevor Ruhe innerhalb der Grenzen herrsche; am 28. Oktober macht die Stadt Köln ihren Zuzug zum Reichsheere ausdrücklich abhängig von dem Erfolge dieses Landfriedens, *Stadtarch. Köln, Kopienbücher* Bd. 28 Bl. 140 b. Dieselben ausweichenden Antworten erhalten auch noch Maximilian und Karl V. Lange Auseinandersetzungen knüpften sich insbesondere an den Jubelablass vom Jahre 1500, dessen Ertrag an Almosen ursprünglich zum Türkenkriege verwandt werden sollte; darüber *J. Schneider*, Die kirchliche u. polit. Wirksamkeit des Legaten Raimund Peraudi 1486—1505 (Halle, Diss. 1882); *A. Gottlob*, Histor. Jahrb. der Görres-Gesellsch. Bd. 6 (1885) S. 438 ff.

138) Der Absagebrief an Geldern ist am 3. Juni 1433 ausgefertigt und in kurzen Zwischenräumen dreimal übersandt, *Stadtarch. Köln, Kopienbücher* Bd. 13 Bl. 79; die *Kölner Jahrbücher, Rec. B*, Chron. d. deutsch. Städte Bd. 13 S. 68 und *Rec. D*, das. S. 168 berichten weiter: „Up sent Manertzdach [8. *Juni*] zoich ein stat Coelne us me dan mit 2000 perden mit herwagen, mit schutzen ind mit boissen stark ind mechtich in dat Gulcher lant dem herzoge van dem Berge zo hulpen ind zo striden, eme dat Gulcher lant helpen zo behalden. Alda lach de stat Coelne 9 dage ind warde strides. Om der stat Coelne willen erveirden sich de Gellerschen ind zogen heim ind indorsten neit striden.“ Vgl. die Verträge vom 10. März 1436 und 12. Februar 1438 bei *Lacomblet*, Urkb. Bd. 4 S. 257 und 259.

139) Auf die Rüstungen gegen die Armagnacs im Jahre 1444 nimmt der Rath in einer Morgensprache vom 11. Dezember 1474 Bezug, *Stadtarch. Köln, Rathsprotokolle* Bd. 3 Bl. 36: „Darna as die stat van Soist mit groissem volck belacht was ind des ind ouch der Armjacken halven hie in groisser sorgen geweist is overvallen zu werden, hait man van dem gemeynen gude groisse buwe gedain an portzen, bolwercken ind an der steide muyren, an den kornhuysern ind auch provanden ind andere noittorftige getzuych ingegolden zo der stat vestungen ind behoeff, dazo groisse summen uyss den rentkameren komen synt.“ Im allgemeinen s. *F. W. Barthold*, Der Armegeckenkrieg, Hist. Taschenbuch Bd. 12 (1842) S. 48 ff.; *E. Wülcker*, Urkunden u. Schreiben betreffend den Zug der Armagnaken (1439—1444), Neujahrsblatt des Ver. f. Gesch. u. Alterth. zu Frankfurt 1873; besonders *L. Ennen*, Gesch. d. St. Köln Bd. 3 S. 345 ff.

140) Ernstliche Massnahmen gegen die Feme beräth Köln am 5. Mai 1442 mit Ulm, am 8. Mai mit Nürnberg, Basel, Strassburg, Speyer, Worms, Mainz, Frankfurt, Aachen und Würzburg, *Stadtarch. Köln, Kopienbücher* Bd. 16 Bl. 16ᵇ ff. Vorher hatte man wohl durch die Erwerbung von Freigrafschaften sich zu schützen gesucht, vgl. z. B. den Vertrag mit Johann von Sayn Grafen von Wittgenstein vom 11. August 1424 über Oeffnung der Freistühle „in der graschaff Tuschen die nu ligen an dem Hoylen oyr“, *daselbst, Haupt-Urk.-Arch.* no. 10091 u. 10097: im allgemeinen auch hierüber *H. Keussen*, Die polit. Stellung der Reichsstädte S. 20, und jetzt vor allem *Th. Lindner*, Die Veme (Berlin 1888) S. 522 ff. Ueber städtische Opposition gegen die Feme im 14. Jahrhundert s. *J. Weizsäcker* in den *Deutschen Reichstagsakten* Bd. 1 (1867) S. 519 ff.

141) Zu den Ursachen und Anfängen des Krieges s. u. a. den Bericht von 1463 über die Wahl Erzbischof Ruprecht's, *Chron. d. deutsch. Städte* Bd. 12 S. 373 ff.; *Koelhoff'sche Chronik*, das. Bd. 14 S. 830 ff.; über die Erwerbung Geldern's u. a. die Urkunde vom Juli 1473, *Lacomblet*, Urkb. Bd. 4 no. 369.

142) Die bereits erwähnte grosse Morgensprache vom 11. Dezember 1474 gedenkt ausdrücklich des Schicksals von Mainz und Lüttich, *Stadtarch. Köln, Rathsprotokolle* Bd. 3 Bl. 36; gemeint ist die Eroberung der freien Stadt Mainz durch den Erzbischof Adolf von Nassau am 28. Oktober 1462, *Chron. d. deutsch. Städte* Bd. 18 (Mainz 2) S. 95 ff. und S. 171 ff.; die furchtbare Zerstörung von Lüttich durch Franzosen und Burgunder am 30. Oktober 1468 schildert sehr lebendig die *Koelhoff'sche Chronik*, Chron. d. deutsch. Städte Bd. 14 S. 821 ff. Bezeichnend für die Besorgniss, mit welcher man in bürgerlichen Kreisen die Unternehmungen des Burgunders verfolgte, sind die Briefe, die Köln später mit den schweizerischen Eidgenossen wechselte. Am 21. Januar 1477 schreibt der Rath freudig bewegt an den bergischen Marschall Bertram von Nesselrode „dat unser here got den hertzogen van Lothringen am sondage lestvergangen dat gluck gegeven, dat he den hertzogen van Bourgondien erslagen have vor Nancy ind up 5 oder 6000 mit yem“, *Stadtarch. Köln, Kopienbücher* Bd. 31 Bl. 155.

143) Ueber die Rüstungen der Stadt u. a. *Koelhoff'sche Chronik* a. a. O. S. 830 ff. Die niedergelegten Klöster waren Mechtern (ad Martyres) im Nordwesten, und Weiher (ad Piscinam) im Südwesten jenseits der alten Umwallung. Am 1. Oktober 1475 genehmigte nachträglich Erzbischof Ruprecht die durch den päpstlichen Legaten Alexander von Forli angeordnete Ueberführung der Nonnen von Weiher in das St. Cäcilienstift, *Lacomblet*, Urkb. Bd. 4 no. 382; die Bewohnerinnen von Mechtern hatten in St. Apern ein Unterkommen gefunden. Im Jahre 1479 dachte man an den Wiederaufbau beider Klöster, den Sixtus IV. am 4. März 1479 durch Verleihung eines Ablasses zu fördern suchte; der Rath verkündete am 12. März zahlreichen bergischen und westfälischen Städten, dass der Papst allen, welche „unser liever frauwen capelle by onsem raithuyse up den zweyden frydach na paeschen van der yrster vesper zo der ander ynnenclichen visitieren und zo wederbuwongen zweyer jonfferencloistere, die vur unser stat in noeden des vergangenen kriegs affgebrochen synt, behulpliche hende reicken, volkomen afflaes ind vertzichenis yrren sunden gegeven hait,“ *Stadtarch. Köln, Haupt-Urk.-Arch.* no. ?.

144) Ueber den Burgundischen Krieg und die Belagerung von Neuss vgl. u. a. *Konrad Stolle v. Erfurt*, Thüringisch-Erfurter Chronik, hrsg. v. *Hesse*, Bibliothek d. Litterar. Vereins Bd. 32 (Stuttgart 1854); *Johann Knebel. v. Basel*, Diarium, hrsg. v. *Vischer* u. *Boos*, Baseler Chroniken Bd. 2 (1880); *Christian Wierstraat*, Histori des beleegs van Nuiss, erster Druck Köln, Arnold ter Hoernen, 1476; Nachdruck, das., Joh. Koelhoff, 1497; hrsg. von *E. v. Groote* (Köln 1855); neuerdings kritisch von *A. Ulrich*, Chroniken d. deutsch. Städte Bd. 20 (Leipzig, 1887) S. 481 ff.; Regesten von *A. Ulrich* Mitthlgn. a. d. Stadtarch. v. Köln Heft 8 (1885) S. 1 ff.; Urkunden und Briefe hrsg. von *demselben*, Annalen des hist. Ver. f. d. Niederrh. Heft 49 (1889)

S. 1 ff. Ferner ist zu erwähnen *H. Markgraf*, De bello Burgundico (Berlin, Diss. 1861); *E. Wülcker*, Urkunden u. Akten betr. die Belagerung der Stadt Neuss a. Rh., Neujahrsbl. des Ver. f. Gesch. u. Alterth. zu Frankfurt (1877); weiteres bei *Ulrich*, Chroniken a. a. O. S. 615; über den Verkehr des Kölner Ersatzheeres mit den Belagerten durch Briefe, welche in Kugeln eingeschlossen waren, s. *J. Blumberger*, Quellenbeiträge z. Gesch. der Geschoss- u. Kanonenkugelpost, Archiv f. Post u. Telegraphie (1886) S. 616 ff. — Am 2. September 1475 ertheilt Kaiser Friedrich III. den Bürgern von Neuss das Lob, dass sie „den herzogen von Burgundi, der si aus sein selbs mutwillen und gewalt mit macht belegert und bis in die sechs und viertzigst wochen mit geschoss und ander unmenschlicher hertikeit teglichen one unterlass gearbeit und beschedigt hat, mit gewalt widerstanden sein, desgleichen in langer zeit nimmer erhort ist, darumb dan ir manig, uns, dem h. reiche, auch dem loblichen stift Collen und duitscher nation zu ere, rettung und behaltung sein leben verloren und merklich bloit vergossen haben“, *Lacomblet*, Urkb. Bd. 4 no. 380, auch *das.* Anm. 3; den Kölnern bezeugt er schon am 24. Mai 1475, dass sie „mit swerer wagnus und schaden“ sich am Kriege betheiligt haben, s. *W. John*, Annalen d. hist. Ver. f. d. Niederrh. Heft 48 (1889) S. 59. Noch am 31. Juli 1479 erinnert die Stadt den Kaiser daran, dass sie „as getruwe gehoirsamen des heyligen rychs lyff noch gut nyet gespart ind den van Nuyss groissen bystant ind troist, me ind ferrer dan wir vermochten, bewyst hain, dat uns gekost hait over die echt mail 100000 gulden“, *Stadtarch. Köln, Kopienbücher* Bd. 32 Bl. 150 b.

145) Ueber diesen Zoll, in dessen Genuss sich die Stadt nicht einmal zwei Jahrzehnte lang behauptete, insbesondere über die wirthschaftsgeschichtliche Bedeutung der im Stadtarchiv zu Köln beruhenden Akten handelt sehr eingehend und lehrreich *W. John*, Der Kölner Rheinzoll von 1475—1494, Annalen d. hist. Ver. f. d. Niederrhein Heft 48 (1889).

146) In den Jahren 1406 bis 1414 wurde der prächtige Thurm des Rathhauses aufgeführt, von 1435 bis 1452 das grosse „Tanzhaus“ Gürzenich. Die schon mehrfach erwähnte Morgensprache vom 11. Dezember 1474 beziffert allein die Kosten des Gürzenichbaues auf etwa 80000 Gulden (900000 Mk.), *Stadtarch. Köln, Rathsprotokolle* Bd. 3 Bl. 36.

147) Unter den hansischen Verwicklungen ist der langwierige Schossstreit und das Zerwürfniss mit dem „deutschen Kaufmanne“ zu Brügge im Jahre 1447 zu erwähnen, vgl. besonders das Schreiben vom 19. Mai 1466, *Hanserecesse*, hrsg. v. *G. v. d. Ropp* Bd. 5 S. 565; die Ausschliessung Köln's aus dem Bunde wegen eigenmächtiger Unterhandlungen mit England erfolgte im Jahre 1470, die Wiederaufnahme am 24. August 1476; vgl. u. a. die kurze Darstellung von *K. Hegel*, Chron. d. dtsch. Städte Bd. 14 (Cöln 3) S. CCI; *K. Lamprecht*, Skizzen z. Rhein. Gesch. S. 180, und dazu den Rezess über die Wiederzulassung der Kölner in London vom 11. November 1478, *Hanse-Recesse*, bearb. von *D. Schäfer* Bd. 1 no. 169. Ueber Köln's vergebliches Streben nach einer ähnlichen Stellung zu den südersee'schen Städten, wie sie Lübeck zu den wendischen einnahm, s. *G. v. d. Ropp* a. a. O. Bd. 5 S. IX.

148) Eine amtliche Schilderung der Unruhen von 1481 und 1482, *Chro-*

niken d. deutsch. Städte Bd. 14 (Cöln 3) S. 927 ff., und dazu die *Koelhoff sche Chronik*, das. S. 852 ff.

149) Ueber den Auflauf von 1513 s. *L. Ennen*, Gesch. d. St. Köln Bd. 3 S. 669 ff.; *G. Eckertz*, Die Revolution in der Stadt Köln im Jahre 1513, Annalen d. hist. Ver. f. d. Niederrh. Heft 26/27 S. 197 ff., auch besonders (Köln 1874); zu vgl. sind die kurzen Nachrichten des Dortmunder Chronisten *Dietrich Westhoff*, Chron. d. deutsch. Städte Bd. 20 S. 396 und der sogen. *G. Spormacher*'schen Chronik von Lünen, bei *v. Steinen*, Westphäl. Gesch. Bd. 4 S. 1449.

150) Ueber den Transfixbrief und seine verfassungsgeschichtliche Bedeutung u. a. *K. Hegel*, Chron. d. deutsch. Städte Bd. 14 (Cöln 3) S. CCXII ff. der Text *daselbst* im Anhange.

151) *K. Lamprecht*, Skizzen z. Rhein. Gesch. S. 154 ff.

152) An Stelle der alten patrizischen Handelsgeschlechter treten neue Familien, die Sudermann, Blitterswich, vom Dauwe, von der Burg, Fürstenberg u. a. Ein Verzeichniss von Grosskaufleuten gegen Ende des 15. Jahrhunderts giebt *W. John*, Der Kölner Rheinzoll S. 55; vgl. auch *K. Lamprecht*, Stadtkölnisches Wirthschaftsleben gegen Schluss des Mittelalters, Skizzen z. Rhein. Gesch. S. 153 ff. Ueber kölnische Handelsniederlassungen in südromanischen Ländern s. oben Anm. 87. Dass Köln auch mit der neuen Welt Verbindungen anknüpfte, beweist, wenigstens für die Mitte des 16. Jahrhunderts, ein Briefwechsel der Stadt mit dem Rathe von Indien in Sevilla über den Nachlass des in „I n d i e n" verstorbenen Kaufherrn Mommersloch, *Stadtarch. Köln, Kopienbücher* zu 1556 Februar; über die bedeutungsreiche Verschiebung des Welthandels aus dem Mittelmeere nach den atlantischen Küsten *O. Peschel*, Das rothe Meer und die Landenge von Suez, Abhandlgn. z. Erd- u. Völkerkunde Bd. 1 (Leipzig 1877) S. 137 ff.; *W. Heyd*, Gesch. des Levantehandels im Mittelalter Bd. 2 (Stuttgart 1879) S. 527 ff.

153) Ich muss mich hier auf die allgemeine Bemerkung beschränken, dass gerade im 15. Jahrhundert an den Kirchen Kölns eine sehr rege Bauthätigkeit sich entwickelte, dass insbesondere zahlreiche Gewölbe, Fenster und Thürme erneuert wurden. Ebenso reichlich waren Zuwendungen von Schnitzwerk, Metallgeräth und Gemälden durch Einzelne wie durch Bruderschaften.

154) Der Bau des Rathhausthurmes wurde am 19. August 1406 beschlossen; er sollte die städtischen Weine aufnehmen, daneben aber auch „eyn gewolve zo der stede privilegien" enthalten, *Stadtarch. Köln, Rathsprotokolle* Bd. 1 Bl. 34; über den Gürzenich s. *J. J. Merlo*, Annalen d. hist. Ver. f. d. Niederrh. Heft 43 (1885) S. 1 ff.

155) *Limburger Chronik* c. 122, hrsg. v. *A. Wyss*, Mon. Germ., Deutsche Chron. 4, 1 S. 75: „In diser zit was ein meler zu Collen, der hiss Wilhelm. Der was der beste meler in Duschen landen, als he wart geachtet von den meistern, want he malte einen iglichen menschen von aller gestalt, als hette ez gelebet"; vgl. *L. Ennen*, Der Maler Meister Wilhelm, Annalen d. hist. Ver. f. d. Niederrh. Heft 7 (1859) S. 212 ff.; *derselbe*, Gesch. d. St. Köln Bd. 2 S. 521, Bd. 3 S. 1018 ff.; *J. J. Merlo*, Auszüge aus den Ausgabebüchern der Mittwochsrentkammer, Annalen d. hist. Ver. f. d. Niederrh. Heft 39 (1883) S. 14 ff.;

A. Schnütgen, Zwei Flügelgemälde im städt. Museum zu Köln, Zeitschr. f. christl. Kunst Bd. 2 (1889) Sp. 137 ff. — Ueber Stephan Lochner u. a. [*N.*], Organ f. christl. Kunst Bd. 5 (1855) S. 73 ff.; *L. Ennen*, Heisst der Maler des Kölner Dombildes Lothner oder Lochner?, Annalen d. hist. Ver. f. d. Niederrh. Heft 11 (1862) S. 228 ff. — Ueber die kölnische Malerschule im allgemeinen die grundlegenden Werke von *J. J. Merlo*, Nachrichten von dem Leben u. den Werken Köln. Künstler (Köln 1850); *ders.*, Die Meister der altköln. Malerschule (das. 1852); *ders.*, Organ f. christl. Kunst, Bd. 14 (1865), Bd. 16 (1867); ferner *J. P. W(eyer)*, Z. Gesch. d. Malerkunst in Cöln, das. Bd. 7 (1858) S. 73 ff.; *L. A. Scheibler*, Die hervorragendsten anonymen Meister u. Werke der Kölner Malerschule von 1460—1500 (Leipzig 1880), manches bei *Fr. Schnaase*, Gesch. d. bildenden Künste, besonders Bd. 6; *J. B. Nordhoff*, Die kunstgeschichtl. Beziehungen zw. Rheinland u. Westfalen, Bonner Jahrbb. Bd. 53/54 (1873) S. 43ff.; neue Forschungen stehen von *H. Thode* zu erwarten; einige beachtenswerthe Einzelheiten: *M. Lehrs*, Ueber den „Meister der Spielkarten" (1440—50) als Landsmann Stephan Lochners, Jahrbuch der kgl. Preuss. Kunstsammlungen Bd. 9 (1888) S. 239; *H. Thode*, Die Madonna vom Meister des heil. Bartholomaeus, Zeitschr. f. christl. Kunst Bd. 1 (1888) Sp. 373ff.; *A. Schnütgen*, Altköln. Tafelgemälde in St. Severin zu Köln, das. Bd. 2 (1889) Sp. 309. — Die Miniaturmalerei pflegten in späterer Zeit vorzüglich die Brüder vom gemeinsamen Leben im Hause Weidenbach; ihnen verdankten manche Kirchen der Stadt ihre prächtig ausgestatteten Chorbücher. Eine sehr schöne Darstellung des Martyriums der heil. Katharina aus dem Jahre 1401 befindet sich auf dem Zunftbriefe der Bruderschaft vom grünen Fischmarkte, *Stadtarch. Köln*.

156) Als ältester Kölner Druck gilt eine aus der Offizin von Ulrich Zell im Jahre 1466 hervorgegangene Ausgabe des „Liber Joannis Chrisostomi super psalmo quinquagesimo", vgl. *L. Ennen*, Katalog der Inkunabeln in der Stadt-Bibliothek zu Köln (Köln o. J. [c. 1862]) S. IVff.; im übrigen *H. Lempertz*, Bilderhefte zur Gesch. d. deutsch. Buchhandels (1853 ff.), *J. J. Merlo*, Die Buchhandlungen u. Buchdruckereien „zum Einhorn" in der Strasse Unter Fettenhennen zu Köln vom 16. Jahrhdt. bis z. Gegenwart (Köln 1879); *F. Kapp*, Gesch. des deutschen Buchhandels Bd. 1 (1886) S. 93ff.; *R. Busch*, Verzeichniss der Kölner Inkunabeln in der grossherz. Hofbibliothek zu Darmstadt, Centralblatt f. Bibliothekswesen Bd. 6 (1889) S. 97ff.; die Ansicht von *Madden*, Lettres d'un bibliographe Bd. 1 (Paris 1868ff.) no. 10 u. 11; Bd. 2, no. 1—3; Bd. 3, no. 3 u. 5; Bd. 4 no. 20, 21; Bd. 6 no. 5, dass die Anfänge des Kölner Buchdruckes im Priesterhause Weidenbach zu suchen seien, widerlegt *A. Wyss*, Westdeutsche Zeitschr. f. Gesch. u. Kunst Bd. 8 (1889).

157) *Arnold von Harff*, der zwischen 1496 und 1499 den Orient besuchte, schreibt in seinem Pilgerbuche, hrsg. von *E. v. Groote* (Köln 1860) S. 78: „Ich meyne, dat Alexandrya neit vil mynre syn s al dan Coelne"; von der Stadt Brussa (Burtzia) dagegen sagt er S. 203: „Ich halde waerlich, dat sy langer sy dan eyn groisse duytzsche myle ind eyn halff breyt, vol volcks, as ich it dar vur halde me dan bynnen Coellen tzeyn werff." Aeltere

Beispiele geben *A. Kaufmann,* Caesarius v. Heisterbach S. 77; *J. Ficker,* Engelbert der Heilige S. 85.

158) Als eine dichterische Lobpreisung Köln's dürfen schon die *Laudes Coloniae* aus dem Anfange des 15. Jahrhunderts gelten, *Fontes rer. Germ.* Bd. 4 S. 461 ff.; in dem kurzen Lobgedichte des um 1518 gestorbenen *Antonius Liber von Soest,* zuerst gedruckt 1483 in Ulrich Zell's Legenda Aurea, wiederholt von *H. Loersch,* Monatsschr. f. rhein.-westf. Geschforschg. Bd. 1 (1875) S. 101, heisst es überschwänglich: „Consiliis Romam vincis, sapientia Athenas, Parisius studiis et Venetos opibus"; voll humanistischer Uebertreibungen ist auch der umfangreiche Panegyrikus des *Hermann Buschius,* 1508 unter dem Titel *Flora* erschienen und öfters erneuert, vgl. *J. D. F. Sotzmann,* Ueber des Antonius von Worms Abbildung der Stadt Köln aus dem Jahre 1531, mit drei Vorstellungen in Steindruck (Köln 1819) S. 63 ff.; *H. J. Liessem,* Hermann van dem Busche (Progr. des Kaiser Wilh.-Gymn. Köln 1885) S. 28 ff.; aus dem 16. Jahrhundert verdient besonders Erwähnung *Bernhard Moller's* Rhenus (1571), eine poetische Reisebeschreibung, vgl. *A. Kaufmann,* Zur Litteratur der Rheinreisen, Annalen d. hist. Ver. f. d. Niederrh. Heft 18 (1866) S. 166; Monatsschr. f. d. Gesch. Westdeutschlds. Bd. 4 (1878) S. 370; das Lobgedicht *Johann Haselberg's* auf Köln hat *J. J. Merlo* wieder zum Abdrucke gebracht, Annalen d. hist. Ver. f. d. Niederrh. Heft 44 (1885). Von grosser Begeisterung getragen ist die Beschreibung der hervorragendsten kirchlichen und bürgerlichen Bauwerke Köln's in einer um 1526 abgeschlossenen Fortsetzung der *Koelhoff'schen Chronik, Grosshz. Hofbibliothek Darmstadt,* Papier, fol., no. 131.

159) Den grossen Holzschnitt des *Anton Woensam von Worms* hat *J. J. Merlo* durch eine vortreffliche Nachbildung allgemeiner zugänglich gemacht, Annalen d. hist. Ver. f. d. Niederrh. Heft 44 (1885); vgl. über den Meister die oben, Anm. 158, genannte Schrift von *J. D. F. Sotzmann,* ferner *Merlo,* Anton Woensam von Worms Maler und Xylograph zu Köln. Sein Leben u. seine Werke (Leipzig 1864); über andere Prospekte der Stadt Köln *L. Ennen,* Jahrb. der Kgl. preuss. Kunstsammlungen Bd. 1 (1879); *Merlo,* Annalen d. hist. Ver. f. d. Niederrh. Heft 46 (1887) S. 167 ff.; über die Stiche des *Wenzel Hollar,* ausser der allgemeinen Aufzählung bei *Parthey,* s. ebenfalls *Merlo,* Annalen d. hist. Ver. f. d. Niederrh. Heft 33 (1879) S. 118 ff.

160) Der erste italienische Humanist, von dessen Besuch in Köln wir Kunde haben, war *Francesco Petrarca* im Juni 1330; sein Bericht ist ziemlich nichtssagend, hat aber eine gewisse Berühmtheit erlangt, weil er von einem merkwürdigen Gebrauche der Kölner Frauen am Mittsommerabende erzählt; seine Worte über die Stadt im allgemeinen führe ich im Auszuge an nach der im Jahre 1501 zu Venedig durch Andrea Torresani veranstalteten Sammlung von lateinischen Schriften des Dichters Bd. 1 ep. 4: „Aquis digressum excepit Agrippina Colonia, que ad sinistrum Rheni latus sita est, locus et situ et flumine clarus et populo. Mirum in terra barbarica quanta civilitas, que urbis species, que virorum gravitas, que mundicie matronarum. Forte Ioannis Baptiste vigilia erat, dum illuc applicui et iam ad occidentem sol vergebat, con-

festim amicorum monitu (nam et ibi amicos prius mihi fama peperat quam meritum) ab hospitio traducor ad fluvium, insigne spectaculum visurus". Es folgt nun die oft besprochene Schilderung des Johannisfestes, welche auch einem Sockelbilde der *E. Steinle*'schen Fresken im Treppenhause des Kölner Museums zu Grunde liegt; dann heisst es weiter: „Proximis aliquot diebus a mane ad vesperam civitatem iisdem ducibus circumivi, haud iniucundum exercitium, non tam ob id, quod ante oculos erat, quam recordatione nostrorum maiorum, qui tam procul a patria monumenta Romanae virtutis tam illustria reliquissent. Vidi tot simul trunca milia sacrarum virginum et terram generosis dicatam reliquiis ac degenerum, ut aiunt, cadaverum expultricem. Vidi capitolium, effigiem nostri, nisi quod pro senatu illic pacis ac belli consilia agitante, hic formosi iuvenes ac puelle mixtim nocturnas laudes deo concinunt. Vidi templum urbe media pulcherrimum quamvis inexpletum quod haud immerito Summum vocant: magorum ibi regum corpora ab ortu ad occasum tribus saltibus transvecta, quos ethereum quondam regem ad praesepia vagientem cum muneribus veneratos legimus venerabundus aspexi"; vgl. u. a. *F. Wallraf*, Beiträge z. Gesch. d. St. Köln u. ihrer Umgebungen (Köln 1818) S. 157 ff.; *L. Ennen*, Gesch. d. St. Köln Bd. 1 S. 135; sehr ausführlich *K. Geib*, Die Geschichten u. Sagen des Rheinlandes (Mannheim 1836) S. 510 ff.; *L. Geiger*, Petrarka und Deutschland, Zeitschr. f. deutsche Kulturgesch. N. F. Bd. 3 (1874) S. 207 ff. — Im August 1447 weilte Enea Silvio in Köln; am 3. November 1459, nachdem er als Pius II. den päpstlichen Stuhl bestiegen, erinnert ihn der Rath an diesen Aufenthalt: „Cum pridem urbis nostre personam vestram ambirent menia dumque apud edes nostras eandem hospitem habere meruimus", *Stadtarch. Köln, Kopienbücher* Bd. 25 Bl. 79b; vgl. *G. Voigt*, Enea Silvio de' Piccolomini als Papst Pius der Zweite Bd. 1 (Berlin 1856) S. 415. — *Cornelius Ettenius*, welcher den apostolischen Nuntius Peter von Vorst auf einer Reise durch Deutschland in Sachen des Konzils begleitete, schreibt am 20. April 1537 in seinem Tagebuche, hrsg. von *P. F. X. de Ram*, Nouveaux memoires de l'acad. roy. de Bruxelles Bd. 12 S. 43: „[Coloniam] invenimus tam praestantem, ornatam, amoenam, fortem quam aliquam civitatem quam adhuc vidimus, etiam magnam." Ueber die Bedeutung der Rheinlande für die Kultur im 15. Jahrhundert s. auch *C. Ullmann*, Reformatoren vor der Reformation Bd. 1 (2. Aufl. Gotha 1866) S. 258.

161) Die erste umfassende Chronik der Stadt Köln ist die 1472 entstandene *Agrippina* des *Heinrich von Beeck*, welche in fünf, von einander mehr oder minder abweichenden Handschriften erhalten ist, *Stadtarch. Köln, Chroniken u. Darstellungen* no. 10—14; an sie lehnt sich an die weit bedeutendere „Cronica van der hilliger stat Coellen", welche am 10. Juni 1499, ohne Nennung des Verfassers, bei dem jüngeren *Johann Koelhoff* in Köln erschien, neu herausgegeben von *H. Cardauns*, Chron. d. deutsch. Städte Bd. 13, 14 (Cöln 2 u. 3); vgl. *daselbst* Bd. 13 S. 226 ff.; *O. Lorenz*, Deutschlands Geschichtsquellen seit der Mitte des dreizehnten Jahrhunderts Bd. 2 (3. Aufl. Berlin 1886) S. 67.

162) Die Statuten vom 15. Juni 1437 sind in zahllosen Abschriften verbreitet: eine der besten ist im *Stadtarch. Köln, HS. A IV 25* Bl. 72—103

erhalten; die Zusammenstellung ist gemacht „durch unse herren vam raide mit allen reeden ind vier ind viertzigen, vort mit greve ind scheffenen des hoen gerichtz"; sie umfasst Erbrecht, eheliches Güterrecht, Schöffengerichts-ordnung (Bestimmungen über Verfahren und Gebühren), Strafrecht, oft an ländliche Weisthümer anklingend, Schreinsordnung, vieles davon hervorge-gangen aus Morgensprachen und Erlassen des Rathes, endlich Massregeln gegen den Uebergang weltlichen Erbes in geistliche Hand, übernommen aus einer Satzung vom 2. Oktober 1385; Abdruck u. a. in *Statuta et concor-data der H. Freyen Reichs-Statt Cölln* (1570); vgl. *O. Stobbe*, Gesch. der deutsch. Rechtsquellen Bd. 2 (Braunschweig 1864) S. 289 ff. Ueber die Gerichtsverfassung Kölns im allgemeinen: [*N.*], Tractatus absolutissimus de iurisdictionibus Coloniensibus (Wetzlar 1752); und vor allem das leider un-vollendet gebliebene Buch von *F. Walter*, Das alte Erzstift u. die Reichs-stadt Cöln Bd. 1 (Bonn 1866).

163) Nichts ist so bezeichnend, als dass die vornehmen Gewandschnei-der unter den Gaddemen (vgl. oben Anm. 89) ihrem amtlichen Bruderschafts-buche einen ausführlichen Bericht einverleiben über die Kunstfertigkeit eines armlosen Gauklers, der im Jahre 1343 „up der heren raethuys under Gedemen" sich bewundern liess: „Ouch dede hey eyme unsen broider Hertwige Harde-fuyst van deme Botin eynen schymp, des sere gelacht wart, as myt eyme stave wale eyns arms lanck, den hey Hertwige boit myt deme vuse, dat hey in eme heilte; dü taste Hertwich na deme stave, do sloich hey in up syne hant, dat hey sy ruckde ave. Dit dede Hertwige ume die noit, want eme syn hair was roit", *Qu. z. G. d. St. Köln* Bd. 1 S. 342 ff. — Eine prächtige Novelle ist die Geschichte des Benedikt Eggart von Augsburg, veröffent-licht aus einem Gerichtsprotokoll vom 10. Januar 1490 durch *L. Ennen*, Ein geistlicher Räuber im Mittelalter, Zeitschr. f. deutsche Kulturgesch., N. F. Bd. 1 (1872) S. 112 ff.

164) Begarden und verwandte Genossenschaften treten in Köln beson-ders zahlreich unter Erzbischof Heinrich II. auf; dieser beauftragt schon am 3. September 1308 den Pfarrer von St. Aposteln mit der Lossprechung ex-kommunizirter Begarden, *Urkunde im Archiv des Alexianerklosters, Köln;* am 5. April 1326 befiehlt er den städtischen Behörden, alle der Ketzerei ver-dächtigen Personen in Haft zu nehmen, *Qu. z. G. d. St. Köln* Bd. 4 no. 130; sehr lange Bestand hatte dennoch das Haus der „willigen Armen", dessen sich noch zu Anfang 1375 die Bürger gegen einen Inquisitor aus dem Pre-digerorden mit grosser Wärme annehmen; der Rath schreibt an den Papst: „Vitam pauperem propter deum sibi assumpserunt iuxta consuetudinem et morem ac observantiam fidei orthodoxe et taliter in actibus fidem concernentibus [se habent], quod in civitate nostra sunt habiti pro veris christicolis", *Qu. z. G. d. St. Köln* Bd. 5 no. 82; vgl. *W. Wattenbach*, Ueber die Secte der Brüder vom freien Geiste, Sitzgs.-Berichte der Ak. der Wissensch. zu Berlin, Phil.-hist. Cl. Bd. 29 (1887) S. 528 ff.; und im allgemeinen *J. L. a Mosheim*, De Beghardis et Beguinabus commentarius, hrsg. v. G. H. Martini (Leipzig 1790).

165) Ueber die Brüder vom gemeinsamen Leben s. *J. G. R. Ac-quoy*, Het Klooster te Windesheim en zijn invloed Bd. 1—3 (Utrecht 1875 ff.)

K. Hirsche in Herzog's Realencyclopädie f. protest. Theol. u. Kirche Bd. 2
(2. Aufl. 1878) S. 678ff.; zu der dort aufgeführten Litteratur noch *K. Grube,*
Gerhard Groot u. seine Stiftungen (Köln 1883); *Joh. Busch,* Chronicon Win-
deshemense u. liber de reformatione monasterior. hrsg. v. *K. Grube,* Geschichtsquellen der Provinz Sachsen Bd. 19 (Halle- 1886); *Fr. Jostes,* Die
Schriften des Gerhard Zerbolt van Zutphen „De libris Teutonicalibus", Hist.
Jahrb. der Görres-Gesellsch. Bd. 11 (1890) S. 1ff.; über die Anfänge
ihrer Kölner Niederlassung *L. Korth,* Die ältesten Gutachten über die Brü-
derschaft des gemeinsamen Lebens, Mitthlgn. a. d. Stadtarch. v. Köln Heft 13
(1887) S. 1ff.; über ihre Verdienste um den Jugendunterricht *E. Leitsmann,*
Ueberblick üb. die Gesch. u. Darstellung der pädagog. Wirksamkeit der Brüder des gemeins. Lebens (Leipzig, Diss. 1886). — Ueber die Thätigkeit der
B u r s f e l d e r K o n g r e g a t i o n in Köln s. u. a. *Koelhoff'sche Chronik,* Chronik
d. deutsch. St. Bd. 13 (Cöln 2) S. 439; der städtische Rath verlangt im
Januar 1447 die Reformation der Abtei St. Pantaleon, *Stadtarch. Köln, Ko-*
pienbücher Bd. 18 Bl. 107, am 23. Oktober 1448 die von St. Martin, *daselbst*
Bd 19 Bl. 89b; in Deutz gelangte die Bursfelder Regel erst im Jahre 1491
zur Durchführung, *Koelhoff'sche Chronik,* a. a. O. Bd. 14 (Cöln 3) S. 881,
vgl. *A. Thomas,* Gesch. der Pfarre St. Mauritius S. 118ff. — Als ein
Reformversuch ist auch die Einführung der F r a n z i s k a n e r - O b s e r v a n t e n
zu betrachten; am 10. August 1470 gestattet der Rath „dat den mynre-
broederen van der observancien eyn begheven huys ader woenonge bynnen
Colne bestalt ind gegont moege werden, des ze eyme gasthuyse vur sess
of seven par broedere zo gebruychen ind eyne herberge ind verblyff
darin zo haven"; am 28. August erbietet er sich selbst, eine Einigung mit
den Minoriten herbeizuführen, *Stadtarch. Köln, Rathsprotokolle* Bd. 3 Bl. 102 ff. —
In den Stiftern waren schon weit früher durch päpstliche Legaten Visitati-
onen abgehalten und Reformen eingeführt worden, so in St. Aposteln durch
den Kardinal Branda tit. s. Clementis von Piacenza im Auftrage Martins V.,
ebenso durch den Kardinal Heinrich tit. s. Eusebii von England im Jahre
1429, in St. Andreas durch Kardinal Julian tit. s. Sabine von S. Angelo im Jahre
1436, *Stadtarch. Köln, Kirchliches, St. Aposteln (Sammelband A X 47)* Bl. 1—69.
Sehr bezeichnend ist ein Mandat des erzbischöflichen Offizials vom 26.
Juli 1440, nach welchem der Leichnam eines in der Exkommunikation verstorbenen Pfarrers von St. Columba wieder ausgegraben und „in loco sterqui-
lino" verscharrt werden soll, *Stadtarch. Köln, Haupt-Urk.-Arch.* no. 11473;
ferner der Erlass des Papstes Nikolaus V. vom 23. April 1450 gegen das
ausschweifende Leben der Nonnen von St. Agatha, *daselbst* no. 12256.

166) Am 12. März 1424 empfiehlt Papst Martin V. nach dem unglück-
lichen Ende des Konzils von Siena dem Erzbischof Dietrich von Köln sehr
angelegentlich die Prälaten, die er mit der Reform beauftragt habe, *Stadt-*
arch. Köln, Haupt-Urk.-Arch. no. 10044. Ueber die Betheiligung der Städte
und Universitäten an den grossen Konzilien s. die allgemeinen Werke von
Enea Silvio, Ulrich von Richental, H. v. d. Hardt u. a., ferner *H. Bressler,*
Die Stellung der deutschen Universitäten zum Baseler Konzil, zum Schisma
u. zur deutsch. Neutralität (Leipzig, Diss. 1885), bes. S. 21 ff., 45 ff., 79 ff.; —

auf ein bisher unbekanntes Kölner Provinzialkonzil verweist *J. P. Schneider*, Römische Quartalschrift f. christl. Alterthumskunde u. f. Kirchengesch. Bd. 1 (1887) S. 370 ff.

167) Eine treffende Charakteristik der Kölner Universität im Beginne der Reformationszeit giebt *Fr. Paulsen*, Gesch. des gelehrten Unterrichts auf d. deutsch. Schulen u. Universitäten v. Ausgange des Mittelalters bis z. Gegenwart (Leipzig 1885) S. 79 ff.; vgl. auch *C. Varrentrapp*, Hermann von Wied u. sein Reformationsversuch in Köln (Leipzig 1878) S. 58 ff.; *L. Ennen*, Zeitbilder aus der neueren Gesch. der St. Köln (Köln 1857) S. 18 ff.; *P. Norrenberg*, Köln. Literaturleben im ersten Viertel des 16. Jahrhunderts (Leipzig 1873); im einzelnen: *F. Gess*, Johannes Cochlaeus (Leipzig, Diss. 1887); *H. Cremans*, De Jacobi Hochstrati vita et scriptis (Bonn, Diss. 1869); manches bei *K. u. W. Krafft*, Briefe u. Documente a. d. Zeit der Reformation im 16. Jahrhundert nebst Mittheilgn. über Köln. Gelehrte u. Studien im 15. u. 16. Jahrhundert (Elberfeld 1875); *D. F. Strauss*, Ulrich von Hutten (4. Aufl. Leipzig 1878).

168) Die Aufständischen von 1525 meinten, dass im Jahre 1513 „der gemeinde durch einen eirsamen rait vil zugesaicht und weinich gehalden" sei, *Stadtarch. Köln, Protokollbuch des Hohen Gerichts* Bl. 67; Paulus Kulp gesteht in dem Verhör am 4. Februar 1526: „die meinunge sy gewesen, portzen, torn und muyren der stat inzonemen und asdan wyders mit den rychen zo deilen und wes den armen nyet gedient hette, seulde man den rychen gelaissen haven", *daselbst* Bl. 64b; Jakob Biest giebt die Absicht zu „clenodia, goult und silver geschir in den kirchen und in verwarunge der geistlicheit wesende van ine zo gesinnen umb die erflichen renten der stat dairmit afzoloesen und die stat zo frien, want der heiligen gebeentz legen wail in syden gewande und die geistlicheit krege sulchs doich in vier odir vunf jairen widerumb, und wanne sich die geistlichen dairwidder setzen wurde, seulde man inen sulchs mit gewalt afdringen und nemen", *daselbst* Bl. 74b; eine anschauliche Schilderung der Vorgänge giebt *Das Buch Weinsberg*, Kölner Denkwürdigkeiten aus dem 16. Jahrhundert, hrsg. v. *K. Höhlbaum* Bd. 1 (Leipzig 1886) S. 43, 47.

169) Es blieb, so viel bekannt ist, bei zwei Hinrichtungen, vgl. *K. Krafft*, Die Geschichte der beiden Märtyrer der evangel. Kirche Adolf Clarenbach u. Peter Fliesteden, hingerichtet zu Köln a. Rh. den 28. September 1529 (Elberfeld 1886).

170) Erzbischof Hermann von Wied machte seit 1539 Reformationsversuche, am 16. April 1546 wurde er exkommunizirt, vgl. über ihn *M. Deckers*, Hermann von Wied, Erzbischof u. Kurfürst von Köln (Köln 1840); *G. Drouven*, Die Reformation in der Cöln. Kirchenprovinz zur Zeit des Erzbischofes u. Kurfürsten Hermann V., Graf zu Wied. Nach neuen bis jetzt theils unbenutzten, theils unbekannten Quellen (Neuss u. Köln 1876); *C. Varrentrapp*, Hermann von Wied und sein Reformationsversuch in Köln (Leipzig 1878); dazu die von *H. J. Floss* und *L. Pastor* veröffentlichten Aktenstücke (1543—45), Annalen d. hist. Ver. f. d. Niederrh. Heft 37 (1882) S. 120 ff. — *E. Reimann*, Ueber den Streit des Kölner Kurfürsten Friedrich von Wied mit dem Papste (1563—67), Forschgn. z. deutsch. Gesch. Bd. 11 (1871) S. 13 ff. —

Im allgemeinen *L. Ennen*, Gesch. der Reformation im Bereich der alten Erz-diözese Köln (Köln 1849); das volksthümlich gehaltene Buch von *E. Demmer*, Gesch. der Reformation am Niederrhein (Aachen 1886) ist unzuverlässig.

171) Die Stadt hatte gleich zu Beginn der niederländischen Unruhen den Flüchtlingen Aufenthalt gewährt; es waren vielfach Handwerker, welche neue Gewerbszweige in Köln einführten. Sie rechtfertigt sich deswegen in einem an Papst Pius V. gerichteten Briefe vom 26. Juni 1570 und unterscheidet drei Arten von Eingewanderten: „Primum genus est eorum, qui iam inde ab initio, quo Belge tumultuari coeperunt, non tam conscientia alicuius sceleris aut perfidiae quam otii vitaeque tranquillioris desiderio armorumque odio offensi ad nos se receperunt", diese sind durch obrigkeitliche und geistliche Zeugnisse als gute Katholiken legitimirt; die anderen halten sich in öffent-lichen Gasthäusern geschäftshalber auf und werden vertragsmässig (nach dem Augsburger Religionsfrieden) geduldet; die dritte Klasse besteht aus Haus-eigenthümern, die, so lange sie kein Aergerniss erregen, hauptsächlich we-gen ihrer mächtigen Verbindungen geschont werden müssen, *Stadtarch. Köln, Kopienbücher ad a.* — Schon am 12. November desselben Jahres mel-det sie, dass die Ausführung der päpstlichen Erlasse „sine maiore tumultu ac turba" erfolgt sei, nun handele es sich zur Erhaltung des alten Glaubens um tüchtige Pfarrgeistliche: „Nec vero inde nobis consilia, sed etiam viri pii et docti petendi sunt, quos erudiendae in diversis professionibus ad ecclesiae aedificationem iuventuti docendoque per paroecias populo tam scholis quam templis praeficiamus", *daselbst, Kopienbücher ad a.*; vgl. *L. Ennen*, Die refor-mirte Gemeinde in der Stadt Köln am Ende des 16. Jhdts., Monatsschr. f. rhein.-westf. Geschforschg. Bd. 1 (1875) S. 397 ff.; S. 493 ff. — Ein ernstlicheres Vor-gehen gegen die Reformirten war schon im Jahre 1555 unter der kurzen Regie-rung Adolf's von Schaumburg erfolgt, *daselbst, Gelenii farragines* Bd. 30 S. 931 ff.

172) Am 17. Dezember 1555 dankt Karl V. der Stadt Köln: „das ir hinfuran wie bitzher bei unser wahren alten christlichen und ungetzweiffelten catholischen religion, so ir von eurer mueter brusten gesogen, weil ain stain uff dem andern pleibt, bestendiglich und ungewanckelt bitz an das ende zu verharren gedenckt und euch von dem schuldigen gehorsamb gegen der bäpstlichen hailicheit uns und dem heiligen reiche, auch der gueten nach-baurlichen verstendnus und verwandtnus, damit ir diesen unsern Niderbur-gundischen erblanden bitzher zugethan gewest und noch also zu pleiben ge-sint weret, niemand noch ichts, were der oder was das sei, davon immer-mehr abwenden lassen wollet"; dann ermahnt er sie, auch seinem Sohne Phi-lipp treu zu bleiben und mit dem Erzbischof Adolf gute Freundschaft zu halten; dieses Schreiben wurde am Neujahrstage 1556 im Rathe vorgelesen, *Stadtarch. Köln, Gelenii farragines* Bd. 30; vgl. *M. Sandaeus*, Elogium constantiae Coloniensis d. i. Lob des Beharrlichen Glaubens-Schutzs, oder Handthabung der Christl. Cathol. Religion der Heiligen und weit wolberümbten Statt Cölln (Köln 1635).

173) Am 21. Mai 1583 schrieb der apostolische Nuntius Giovanni Fran-cesco Bonomo, Bischof von Vercelli, an den Rath: „Sic quicunque sapiunt omnes unanimes constituunt, salva et incolumi ecclesia et civitate Coloniensi, quae quidem clavis et porta est, et quasi seminarium inferioris superiorisque

Germaniae, spem aliquam superesse, ut aliquando haeresis lue purgari possit Germania, sed illa infecta, e vestigio in universa hac provincia de catholica religione deque pace, tranquillitate, dignitate et salute non Germaniae modo sed universi etiam imperii actum esse", *Stadtarch. Köln, Briefe 16. Jahrhdts. ad a.*

174) Ueber die katholische Reformation in Köln s. u. a. *Th. Brieger,* Johann Gropper, in Ersch u. Gruber's Encyclopädie Sect. 1 Bd. 92 (1872) S. 210 ff.; *H. J. Liessem,* Johann Gropper's Leben u. Wirken (Progr. d. Kaiser Wilhelm-Gymn. Köln 1876); *F. Riess,* Der selige Petrus Canisius aus der Gesellschaft Jesu (Freiburg 1865); *Joh. Gropper's* Berichte, Histor. Jahrb. der Görres-Gesellsch. Bd. 3 (1883); *M. Lossen,* Zur Gesch. der päpstl. Nuntiatur in Köln 1573—95, Sitzgs.-Berichte der k. bayer. Ak. der Wissensch. (1888, II) S. 159 ff.

175) Aus älterer Zeit verdient Beachtung *M. ab Isselt,* De bello Coloniensi libri IV (Köln 1584, hrsg. v. Meshov das. 1620); *E. G. Dieterich,* De actis et fatis Gebhardi Truchsessi archiepiscopi et electoris Coloniensis infausti mariti (Adolf 1723); sodann *J. H. Hennes,* Der Kampf um das Erzstift Köln zur Zeit der Kurfürsten Gebhard Truchsess u. Ernst von Bayern (Köln 1878); gross angelegt ist *M. Lossen,* Der kölnische Krieg. Vorgeschichte 1565—81 (Gotha 1882); s. auch *K. Unkel,* Die Coadjutorie des Herzogs Ferdinand von Bayern im Erzstift Köln, Histor. Jahrb. der Görres-Gesellsch. Bd. 8 (1887) S. 245 ff., 583 ff.; ders., Die Finanzlage im Erzstifte Köln unter Kurfürst Ernst v. Baiern 1589—94, das. Bd. 10 (1889) S. 493 ff., 717 ff.

176) Arnold Buchelius von Utrecht, welcher im Jahre 1587 sich längere Zeit in Köln aufhielt, rühmt „ut nihil toto orbe geratur quin ad Agrippinenses perveniat eius fama". *A. Buchelii commentarii, Universit.- Biblioth. Utrecht,* Aev. med. SS. hist. no. 132 Bl. 232; vgl. auch *L. Ennen,* Gesch. des Post- u. Botenwesens in der Reichsstadt Köln, Zeitschr. f. deutsche Kulturgesch. N. F. Bd. 2 (1873).

177) Unter den Vertretern der Rechtswissenschaft an der Kölner Universität ragen hervor Adolf Eichholtz, Johann Oldendorp, Andreas Gail, vgl. *C. Varrentrapp,* Hermann von Wied S. 89 ff.; *L. Ennen,* Andreas Gail Monatsschr. f. rhein.-westf. Geschforschg. Bd. 3 (1877); *H. Burckhardt,* Andreas Gail (Würzburg 1887); im allgemeinen *R. Stintzing,* Gesch. der Rechtswissenschaft Bd. 1 (Gesch. d. Wissensch. Bd. 18) S. 310 ff.; lehrreich sind die Nachrichten, welche der Kölner Rathsherr *Hermann von Weinsberg* über seine juristischen Studien im Jahre 1537 giebt, *Das Buch Weinsberg,* hrsg. von *K. Höhlbaum* Bd. 1 S. 115. — Ueber Sprachstudien in Köln s. *H. Cremans,* Zur Gesch. des hebräischen Sprachstudiums an der Kölner Universität im Jahre 1546, Annalen d. hist. Ver. f. d. Niederrh. Heft 21 S. 206; viele Einzelheiten in den Briefen des *Andreas Masius,* hrsg. von *M. Lossen* (Leipzig 1885); im Juni 1570 wird ein Neues Testament in syrischer Sprache in Köln gedruckt, *Stadtarch. Köln, Kopienbücher ad a.* Im Juli 1587 nennt dennoch *Arnold Buchelius* die Universität „proprior triviali scholae quam academiae", *a. a. O.* [vgl. Anm. 176]. — Ueber den Widerstand Köln's gegen die Errichtung der Universität Duisburg in den Jahren 1561 bis 1563 s. Briefe des *Andreas Masius* S. 334 und 343.

178) Im Jahre 1542 überreichte *Kaspar Vopelius* dem Rathe seinen

merkwürdigen Erdglobus, wahrscheinlich zusammen mit den zwei Himmelsgloben aus den Jahren 1532 und 1536, vgl. *L. Korth*, Zeitschr. f. vaterländ. Gesch. u. Alterthumskunde (Westfalens) Bd. 42 (1884) S. 169 ff., Bd. 43 (1885) S. 154 ff., nebst den von *H. Michow* gezeichneten Panigloben in der *Festschrift z. 61. Versammlung deutscher Naturforscher u. Aerzte* (Köln 1888) S. 32 ff.; ferner zum 18. März 1555: „Caspar Vopell hat eim rath cartam und descriptiónem Reni zugeschriben und presentirt, ist verdragen, ime 8 daler zu schenken", *Stadtarch. Köln, Rathsprotokolle* Bd. 18 Bl. 31b; zum 13. Dezember: „Caspar Vopell hat eim erbarn rat mappam Europae presentirt, dargegen hat ein rath verdragen, ime 10 daler vur verebrung zu schenken", *daselbst* Bl. 155. Am 19. Oktober 1554 überreicht *Tilmann Stella von Siegen* eine Karte des Landes Canaan, *daselbst, Briefe 16. Jahrhdts. ad a*; am 11. September 1570 *Arnold Mercator* seinen noch erhaltenen Plan der Stadt Köln, *daselbst, Rathsprotokolle* Bd. 25 Bl. 308b; über Arnold und Gerhard Mercator s. u. a. *L. Ennen*, Monatsschr. f. rhein.-westf. Geschforschg. Bd. 2 (1876) S. 582. — Zum 6. Oktober 1572 heisst es: „Als *Vincentius Hodius* meinen hern tabulam Terrae sanctae dedicirt und presentirt, haben meine hern bevolen, ime zehen daller zu vereren," *Stadtarch. Köln, Rathsprotokolle* Bd. 27 Bl. 79b. Im allgemeinen s. *J. J. Merlo*, Der Rath von Köln in seinen Beziehungen zu Gelehrten und Künstlern, Köln. Volksztg. 1885 no. 202 Bl. 3.

179) Den Reichthum kölnischer Bürgerhäuser an kostbarem Tafelgeschirr rühmt um das Jahr 1509 die *Zimmerische Chronik* hrsg. von *K. A. Barack* Bd. 3, Biblioth. d. Litter. Ver. Bd. 93 S. 237 ff.; s. auch *H. Cardauns*, Ein Kölner Bürgerhaus im 16. Jahrhundert (1519), Annalen d. hist. Ver. f. d. Niederrh. Heft 41 (1884) S. 109 ff.; *L. Korth*, Nachlass-Verzeichniss des Kölner Stiftsherrn Peter Quentel 1564, Westdeutsche Zeitschr. f. Gesch. u. Kunst Bd. 5 (1886) S. 354 ff. Am besten unterrichtet über kölnisches Leben für den Zeitraum eines halben Jahrhunderts etwa [bis 1577] *Das Buch Weinsberg*, Kölner Denkwürdigkeiten aus dem 16. Jahrhundert, hrsg. von *K. Höhlbaum* (2 Bde., Leipzig 1886 ff.); hochdeutsche Auszüge bis 1588, mit schätzenswerther Einleitung, veröffentlichte schon *L. Ennen*, Zeitschr. f. deutsche Kulturgesch. N. F. Bd. 1 (1872), Bd. 3 (1874); Sprachliches giebt *A. Birlinger*, Aus dem Buch Weinsberg, Germania Bd. 19 (1874) S. 78 ff.; eine anziehende Episode schildert *L. Ennen*, Der Landsknecht Peter von Ryssa, Monatsschr. f. rhein.-westf. Geschforschg. Bd. 2 (1876) S. 408 ff.

180) Ueber Wohlthätigkeitsanstalten in Köln s. *E. von Groote*, Das Waisenhaus zu Köln am Rhein (Köln 1835) und demnächst, auf Grund des reichen Quellenstoffes im Archive der städtischen Armenverwaltung, *V. von Woikowsky-Biedau*.

181) *G. Forster*, Ansichten vom Niederrhein [1790], hrsg. von *W. Buchner* (Leipzig 1868) Theil 1 K. 5 S. 30.

182) Die Zwistigkeiten der Stadt mit den Erzbischöfen, insbesondere mit Maximilian Heinrich, veranlassten nur zahlreiche rechtsgelehrte Streitschriften für und wider. — Unter den Bewegungen gegen den Rath ist der Aufstand des Nikolaus Gülich vor allem merkwürdig, vgl. darüber das Pasquill von *Eulalius Freymunt*, Coloniae tumultuantis et in sua ipsius vis-

cera saevientis poetica et elegiaca descriptio (Köln 1683); ferner *Fr. X. Trips*,
Quinquennalis seditio atque rebellis Ubiorum status (1690, neue Ausgabe Leipzig 1704); *A. Judendunck*, Theatrum lanienae Coloniensis sive Blutige Schau-
bühne etc. (Köln 1694) dazu *Monatsschr. f. d. Gesch. Westdeutschlds.* Bd. 4
(1878) S. 96; und die Ehrenrettung dieser durchaus volksthümlichen Erhebung von *J. J. Merlo*, Annalen d. hist. Ver. f. d. Niederrh. Heft 46 (1887). —
Im allgemeinen *L. Ennen*, Frankreich u. der Niederrhein oder Geschichte
von Stadt u. Kurstaat Köln seit dem 30 jährigen Kriege (Köln 1855 ff.). —
Grosse und nicht ungerechtfertigte Besorgniss erregte in Köln der am 12.
Mai 1612 von der Brandenburgischen Regierung in Kleve ausgegangene Plan,
Mülheim am Rhein zu vergrössern und durch mannigfaltige Vergünstigun-
gen Ansiedler dorthin zu ziehen, vgl. *L. Ennen*, Die Städte Köln u. Mülheim,
Monatsschr. f. d. Gesch. Westdeutschlands Bd. 5 (1879) S. 418 ff. — Ueber
den langwierigen „Deputatschaftsstreit" handelt in vorurtheilsloser Weise *Fr.
N. Bourel* [der löblichen Gürtelmacherzunft Bannierherr], Die Reichsstadt
Köln in den Jahren 1776 bis 1790 (Köln 1790).

183) Ein ungenannter Franzose schreibt über Köln *Voyage sur le Rhin
depuis Mayence jusqu' à Dusseldorf* Bd. 2 (Neuwied 1791) S. 95: „Que
l'homme de lettres qui veut recueillir le fruit de ses veilles ou la portion
d'estime et de considération due à ses talens ne vienne point à Cologne; ici
plus que par-tout ailleurs l'estime se mesure ordinairement sur l'argent."
Noch härter urtheilt *G. Forster*, Ansichten vom Niederrhein (1790) Theil 1
K. 5. Dass jedoch hier keineswegs nur banausischer Krämergeist herrschte,
beweisen Namen wie J. Hartzheim, F. Wallraf, Frhr. v. Hüpsch und
viele andere, vgl. *L. Ennen*, Zeitbilder aus der neueren Gesch. der Stadt
Köln (Köln 1857); Ausgewählte Schriften von *Ferdinand Wallraf*, Festgabe
zur Eröffnungs-Feier des Museum Wallraf-Richartz (Köln 1861) und den
werthvollen Aufsatz von *H. Hüffer*, Goethe und Boisserée, Monatsschr. f. rhein.-
westf. Geschforschg. u. Alterth. Bd. 1 (1875) S. 1 ff. — Ueber Köln während
der französischen Zeit, insbesondere über den Handelsverkehr s. *A. J. Dorsch*
[Unterpräfekt zu Kleve], Statistique du département de la Roer (Köln 1804)
S. 47 ff., S. 417 ff.; [*N.*], Reise auf dem Rhein von Andernach bis Düsseldorf
(Köln 1809) S. 243 ff.; *J. A. Demian*, Statistisch-politische Ansichten u. Bemerkungen auf einer Reise durch einen Theil der neuen preussischen Provinzen am Nieder- u. Mittelrhein (Köln 1815) S. 259 ff., S. 293 ff. Eine vortreffliche allgemeine Uebersicht gewähren *Cl. Th. Perthes*, Politische Zustände
u. Personen in Deutschland zur Zeit der französischen Herrschaft Bd. 1
(2. Aufl. Gotha 1862) S. 143 ff. und *H. Hüffer*, Rheinisch-Westphälische Zustände zur Zeit der franz. Revolution, Annalen d. hist. Ver. f. d. Niederrh.
Heft 26 (besonders Bonn 1873).

184) Am 24. November 1797 gab der Advokat *Christian Sommer* eine
„Konstitution für die Stadt Köln" heraus, welche in 210 Artikeln eine Verbindung der alten reichstädtischen Verfassung mit französischen Elementen
versuchte; es erschien dann eine Adresse *Der Senat der Ubier an den Nationalkonvent*, dagegen wieder, durchaus republikanisch und französisch gehalten, *Bemerkungen eines freien kölnischen Bürgers über die unter dem Titel*

„Der Senat der Ubier an den Nationalkonvent" jüngst erschienene Druck-
schrift; hier heisst es u. a.: „Dem Ubiersenat in Köln seine Existenz zu erhalten, wäre für den Bürger fortdaurender Schlaverei, willkührige Hersch-
sucht, Vorurtheile und Fanatismus." Der Advokat *Sommer* gab auch unter
dem Titel der *„Patriot"* eine Zeitschrift zur politischen Belehrung heraus.
Sehr scharf gegen ihn und seine freiheitlichen Bemühungen im französischen
Sinne richtet sich eine im September 1797 erschienene deutschfreundliche Flug-
schrift: *Die jüngsten Scenen zu Kölln am Rhein, ein Beitrag zum jetzigen
Kriege. Aus Briefen und sonstigen Quellen gesammelt von einem ihrer gewe-
senen Mitbürger.* Verstimmend wirkten in der Stadt, welche unter dem alten
Reiche so zäh ihr Geld festgehalten hatte, die unablässigen Forderungen der
Eroberer; am 28. April 1797 schrieb *Le Sénat de la ville libre de Cologne au
citoyen commissaire Champein au sujet de l'arrêté de la commission intermé-
diaire du 30. germinal l'an 5* S. 7: „Le peuple de Cologne a fourni l'im-
possible et on le réduiroit dans un état de pénurie à ne plus pouvoir rien
fournir de tout cela tandis que l'on exige continuellement de lui des dépenses
nouvelles"; dennoch erschienen 1798 *Bitten der guten Bewohner des linken
Rheinufers an die französische Republik* um Schutz für die republikanisch
Gesinnten in Deutschland, und ebenso *Nothwendigkeit der Abtretung des linken Rheinufers theils für Frankreich, theils für Deutschland. Von einem
Staatsmanne.* Ueber die Stimmung unter dem Kaiserreich vgl. u. a. *R.Goecke,*
Das Plebiscit von 1804 in Köln, Annalen des hist. Ver. f. d. Niederrh. Heft
45 (1886) S. 149 ff.

185) Die Frage, wo die neue Universität errichtet werden solle, wurde
in zahlreichen Flugschriften erörtert; besonders beachtenswerth sind *Einige
Worte über den künftigen Sitz der Rheinischen Universität. Von einem Cölner*
(Köln 1816); vgl. im übrigen *H. v. Sybel,* Die Gründung der Universität Bonn
(Bonn 1868), auch *ders.,* Kleine histor. Schriften Bd. 2 (1869) S. 407 ff.

Reihenfolge

der

Bischöfe und Erzbischöfe von Köln.

In dieses Verzeichniss sind nur die sicher verbürgten Angaben über die Regierungsdauer der Kölner Kirchenfürsten aufgenommen. Bei den Bischöfen bis auf Hildebold beziehen sich die Jahreszahlen auf die früheste und späteste Erwähnung in den Quellen. Als Beginn der Regierung ist im übrigen, wenn möglich, der Tag der Wahl angesetzt. Die Ziffern in der letzten Spalte verweisen auf die Anmerkungen zu dieser Schrift.

313. 314.	Maternus.	§ 18.
347.	Euphrates.	§ 19.
400.	Severinus.	. . . .
570.	Carentinus.	§ 28.
589. 590.	Evergislus (? Ebregisil).	. . . .
625. 639. [? 651]	Kunibert.	§ 21.
742.	Reginfrid.	. . . .
747.	Agilolf.	. . . .
785—819 September 3.	Hildebold, seit 799 Erzbischof.	§ 23. 24.
819—842.	Hadebold.	. . . .
850 April 20 — 871..	Gunthar, nach 864 suspendirt.	§ 23.
870 Jan. 16 — 889 Sept. 11.	Willibert.	. . . .
890—924 April 11.	Hermann I.	§ 23. 29.
924—953 Juli 9.	Wichfried.	. . . .
953 [konsekrirt Sept. 25]—965 Okt. 11.	Bruno I. von Sachsen.	§ 32.
965—967 Juli 18.	Folkmar.	. . . .
967 [969] — 975 Juni 28.	Gero von der Lausitz.	. . . .

965—985 September 21.	Warinus.	. . . .
984 [?] — 999 Juni 11.	Everger.	. . . .
999 Juli 9 — 1021 März 16.	Heribert.	§ 33. 98. 99. 100.
1021—1036 August 25.	Piligrim.	§ 34. 85. 98.
1036—1056 Februar 11.	Hermann II., Pfalzgraf.	§ 35.
1056 [konsekrirt März 3] — 1075 Dezember 4.	Anno II., der Heilige.	§ 36—41.
1076 März 6 — 1078 [Herbst].	Hildulf.	. . . .
1079—1089 Mai 31.	Sigewin.	§ 39.
1089 Juni — 1099 November 22.	Hermann III. von Northeim.	. . . .
1100—1131 Oktober 25.	Friedrich I. von Kärnthen.	§ 41. 57.
1132—1137 Mai 26.	Bruno II. von Berg.	§ 42.
1137 Mai 27 — 1137 Juni 30.	Hugo von Sponheim.	. . . .
1138 — 1151 [vor April].	Arnold I. von Randerath, 1148 suspendirt.	§ 43.
1151 April — 1156 Mai 14.	Arnold II. von Wied.	§ 44.
1156 Juni — 1158 Dezember 15.	Friedrich II. von Berg.	. . . .
1159 März [konsekr. 1165 Okt. 2] — 1167 Aug. 14.	Reinald von Dassel.	§ 47. 66. 96.
1167 [konsekr. 1183 Sept. 29] — 1191 Aug. 13.	Philipp I. von Heinsberg.	§ 48. 49. 53.
1191 [konsekr. 1192 Mai 31] — 1193 [resignirt].	Bruno III. von Berg.	. . . .
1193 November [konsekr. 1194 März 27] — 1205 Juni 19 [suspendirt].	Adolf I. von Altena.	§ 50. 55.
1205 Juli 25 — 1208 November 2.	Bruno IV. von Sayn.	§ 50. 54.
1208 Weihnachten — 1212 Ostern [suspendirt].	Dietrich I. von Heimbach, † 1224.	. . . .
1216 Februar 29 — 1225 November 7.	Engelbert I. von Berg, der Heilige.	§ 61. 67. 86. 100.
1225 November 15 — 1238 März 26.	Heinrich I. von Molenark.	§ 62. 86. 95. 115. 11**.
1238 April — 1261 September 28.	Konrad von Hostaden.	§ 6 3. 68—72. 84. 96. 101.
1261 Oktober 2 — 1274 November 17.	Engelbert II. von Falkenburg.	§ 73—75. 111.
1274 November [konsekr. 1275 April 7] — 1297 April 7.	Siegfried von Westerburg	§ 76—79.
1297 Mai — 1304 März 28.	Wikbold von Holte.	§ 80.

1304 Mai — 1332 Januar 6.	Heinrich II. von Virneburg.	§ 28. 105. 106. 107.
1332 Januar 27 — 1349 August 14.	Walram von Jülich.	§ 108. 109.
1349 Dezember 18 — 1362 September 15.	Wilhelm von Gennep.	§ 113. 118.
[1363 Juni 12 — 1363 September 15.]	Kuno von Falkenstein, Erzbischof von Trier, Administrator.	. . . .
1363 Juni 21 — 1364 April 15 [resignirt].	Adolf II. von der Mark.	§ 118.
1364 Juni 25 — 1368 August 13.	Engelbert III. von der Mark.	. . . .
1366 Dezember 23 — 1371 April 25.	Kuno von Falkenstein, Erzbischof von Trier, Koadjutor, nach dem Tode Engelberts III. Administrator.	§ 119.
1370 [bestätigt November 13] — 1414 April 9.	Friedrich III. von Saarwerden.	§ 120—123. 132.
1414 April 24 — 1463 Februar 14.	Dietrich II. von Moers.	§ 129. 133— 140. 165. 166.
1463 März 30 — 1480 Juli 26.	Ruprecht von der Pfalz.	§ 141—144.
1480 August 11 — 1508 Oktober 19.	Hermann IV. von Hessen, seit 1473 März 24 Administrator.	§ 142—144.
1508 November 13 — 1515 Februar 12.	Philipp II. von Daun.	. . . .
1515 März — 1547 Februar 25.	Hermann V. von Wied, exkommunicirt seit 1546 April 16.	§ 167. 170.
1546 Juli 3 — 1556 September 20.	Adolf III. von Schauenburg, seit 1535 Koadjutor.	§ 171. 172.
1556 Oktober 25 — 1558 Juni 18.	Anton von Schauenburg.	. . . .
1558 Juli 26 — 1562 November 2.	Johann Gebhard von Mansfeld.	. . . .
1562 November 19 — 1568 Dezember 23.	Friedrich IV. von Wied.	. . . .
1567 Dezember 23 — 1577 September 13.	Salentin von Isenburg.	. . . .
1577 Dezember 5 — 1583 April 1.	Gebhard II., Truchsess von Waldburg.	§ 175.
1583 Mai 23 — 1612 Februar 17.	Ernst von Baiern.	. . . .
1612 März 12 — 1650 September 13.	Ferdinand von Baiern.	§ 175.
1650 Oktober 26 [konsekrirt 1651 Oktober 8] — 1688 Juni 3.	Maximilian Heinrich von Baiern, seit 1643 Januar 21 Koadjutor.	. . . .
1688 Juli 19 [konsekrirt 1707 Mai 1] — 1723 November 12.	Josef Klemens von Baiern.	. . . .
1727 November 9 [konsekrirt] — 1761 Februar 6.	Klemens August I. von Baiern, seit 1722 Mai 9 Koadjutor.	. . . .
1761 April 6 — 1784 April 15.	Maximilian Friedrich von Königseck.	. . . .

1785 Mai 8 [konsekrirt] — 1801 Juli 27.	Maximilian Franz von Oesterreich, seit 1780 August 7 Koadjutor.	. . . .
1824 Dezember 20 — 1835 August 2.	Ferdinand August von Spiegel, Graf zum Desenberg.	. . . .
1835 Dezember 1 [inthronisirt 1836 Mai 29] — 1845 Oktober 19.	Klemens August II., Freiherr Droste zu Vischering.	. . . .
1845 November 24 [inthronisirt 1846 Januar 11] — 1864 September 8.	Johannes Kardinal von Geissel, seit 1841 September 25 Koadjutor.	. . . .
1866 Januar 8 [inthronisirt Mai 8] — 1885 Juli 27 [resignirt].	Paulus Kardinal Melchers.	. . . .
1885 Juli 30 [inthronisirt Dezember 15].	Philippus III. Krementz.	. . . .